舟山市文史资料第二十九辑

舟山市政协文化文史和学习委员会

群岛乡愁

翁源昌 著

燕山大学出版社
· 秦皇岛 ·

编委会名单

序言

记住乡愁

2009年，岱山鼠浪湖岛居民整体搬迁到邻近的衢山岛安家。从小岛搬到大岛，从祖传的传统民房搬进崭新的现代化新村，老渔民夏良成等人精心制作了近30平方米的大沙盘，把鼠浪湖岛和附近海域共10个主要岛礁全部按比例呈现出来，鼠浪湖岛南湖、万利、黄泥坎原3个村近400幢房屋也一一在沙盘“造”上。2200多名鼠浪湖人，可以随时找到自己的老家，记住自己的来处。而原本陆域面积不足3平方公里的鼠浪湖岛，建设成为全国最大的矿石中转码头，实现华丽转身。

鼠浪湖岛是舟山众多悬水小岛的代表，像鼠浪湖岛这样的故事，接连在舟山上演：早有小洋山，近有鱼山岛……还有更多的小岛，在澎湃的时代发展大潮中，从籍籍无名默默无闻的原始海岛，转身成为集装箱岛、矿石岛、石油岛、化工岛等各种各样的功能岛。

鼠浪湖人在积极拥抱发展主旋律的同时，选择了一个非常好的方式，记住自己的乡愁。这一方式，生动实践了习近平总书记在2013年中央城镇工作会议上的要求：“让居民望得见山、看得见水、记得住乡愁。”

乡愁是人人皆有的基本情感之一。“望得见山、看得见水、记得住乡愁”，总书记的话，与民共情，直击人心，得到了广泛的共鸣，也给我们指明了工作方向。

文字是最好的记录方式。市政协委员、浙江国际海运职业技术学院翁源昌老师，10多年来，走村访乡，奔走各岛，在海山之间搜集乡村故事，集腋成裘，用散文笔法，描述散落在1390座岛屿之上的舟山先民故事,写成舟山百村印记,蔚为壮观。翻读起来,饶有趣味,引人入胜。今天我们编辑出版这样一本《群岛乡愁：舟山百村印记》文史资料，搜寻被人遗忘的乡间传说，记录舟山先民胼手胝足的开基史，收集山海之上海岛民俗文化史，显得特别有意义。

第一，百村印记，既是历史的记录，也是我们建设开发的指南。先民们在上千座岛屿中选择了100多座海岛生活生产，这是这些住人岛的地理环境和资源情况所决定的，是经过上百年的实践所验证的。虽然我们自从上世纪后叶开始启动“小岛迁、大岛建”工程，将过于偏僻、条件艰苦的悬水小岛居民搬迁到大岛上来，但这些曾经的住人小岛，并不能就此荒弃。它们本身就具备开发基础，是我们舟山宝贵的发展空间和资源。先民的开发史，将在我们手里重写，这些曾经的居民岛，将转变功能，赋予新的时代内容，成为新的小洋山岛、新的鼠浪湖岛、新的鱼山岛，成为支撑舟山新一轮跨越式发展的重要支点。

第二，引导我们更加关注渔农村地区，关注还在渔农村的舟山人。根据第七次人口普查数据，我们还有32.5万人居住在农村，占比超过28%。相对于城市居民来说，这些农村居民，创造财富能力和享受现代文明生活程度还是有一些差距。市委市政府要求，舟山推进高质量发展建设共同富裕示范区先行市，以解决地区差距、城乡差距和收入差距问题为主攻方向，更加注重向渔农村、偏远海岛、困难群众倾斜，加快破解发展不平衡不充分问题。如何帮助渔农村地区，在推进高质量发展，建设共同富裕示范区先行市的征程中不掉队，需要充分发挥各级政协组织和政协委员政治协商、民主监督和参政议政职能的作用。我们编辑出版渔农村主题的文史资料，本身就是发挥职能和作用的一种工作形式。

第三，挖掘舟山精神文化内涵，助推舟山建设。舟山先民“捍卤蓄淡，耕海牧渔”，主要还是在广大渔农村。关注舟山渔农村，收集整理记录舟山渔农村的历史，就是梳理记载舟山海洋开发史，挖掘提炼舟山的精神文化内核。习近平总书记提出：“要系统梳理传统文化资源，让收藏在禁宫里的文物、陈列在广阔大地上的遗产、书写在古籍里的文字都活起来，让中华文明同世界各国人民创造的丰富多彩的文明一道，为人类提供正确的精神指引和强大的精神动力。”《群岛乡愁：舟山百村印记》的内容，正是陈列在舟山1390座岛屿之上的遗产。我们为家乡的海洋文化而骄傲，坚信这一文化力量，必将成为舟山下一步新一轮跨越式发展的澎湃动力。我们的文史研究工作，在研究地方文史文化，深入挖掘舟山海洋文化方面，大有可为。

是为序。

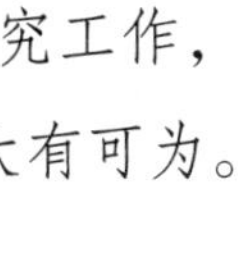

2021年12月

论海岛舟山传统村落的几种特色类型

（代前言）

1390个大小不等的岛屿，数千个星罗棋布的村落，千百年来，或以海为田，耕海牧渔；或日出而作，日落而息，形成了海岛舟山独特的村落风貌特征与人文景观。这些历经千百年风雨洗磨和社会变革锤炼的渔岛山村，在当今越加珍贵稀有，对此进行价值挖掘提炼及研究，极有历史意义和文化意义。

根据村落形成的历史背景和特征，海岛舟山传统村落可分为农耕文化村落、渔业文化村落、商贸文化村落三种主要类型。其中农耕文化村落、商贸文化村落以定海区为多，普陀区、岱山县次之；渔业文化村落以嵊泗县为多，普陀区、岱山县次之。

一、农耕文化村落

海岛舟山传统农耕文化村落形成主要是在南宋以后。明洪武十九年（1386）和清顺治十三年（1656），海岛居民两次大规模内迁，导致村落几近荒芜。清康熙二十三年（1684），朝廷解除“海禁”。康熙二十七年（1688）建定海县，自此以后，不断有原住民及后代重返故里，繁衍生息。浙东地区大量移民也先后来到舟山，垦荒辟地，聚族而居，逐渐形成大大小小的村落。从历史上看，海岛舟山传统村落，有存在长达上千年的，如定海区北蝉小展村，南宋宁宗时期（1195~1224），余天锡五世祖余息庵从奉化西坞余家坝迁昌国（即今舟山）居甬东，后移居小展岙，已有38代；石礁南山夏夏氏，始迁祖夏祁，生于北宋大观三年（1109），以兄恩泽授将仕郎，添差明州司理参军（虚衔），后改昌国观察录事参军，因“乐山水之胜”“遂居翁州南山下”。而更多的则是清康熙解除“海禁”以后，海岛原住民或者后代逐渐移居此地，形成村落，至今也有三四百年历史。

1. 同宗相居，宗族文化浓厚

海岛舟山传统农耕型村落主要以同宗聚居为主，尤其是一个个独立的山岙小村，一岙一姓居多，世代沿袭。如北蝉小展村，村民皆为余姓；白泉虞家田洋西南处李家自然村，村民皆姓李，清康熙年间由镇海小沙头迁来；白泉小支黄泥岭下孙家，聚落沿山麓呈带状，村民皆姓孙；盐仓共裕芝莴岭下何家，村民皆姓何，清乾隆年间从福建迁来；紫微蚂蝗山村，村民皆姓夏，清顺治年间从镇海夏大岙迁来；小沙姚家，聚落在山岙内，村民皆姓姚。有的村落以一姓为主体，兼杂其他几姓，互敬互重，和睦共聚。如北蝉马峙村，以杨姓为多，还有何、俞、陈、周等姓；北蝉洪家自然村，以姓得名，还有叶、张、王等姓，洪姓在清康熙年间由慈溪洪家塘迁入，叶姓于清顺治年间由鄞县迁入；白泉潮面村，有张、陈、邵、舒等姓，张姓为多，张姓于清乾隆年间自慈溪迁入；紫微孙家湾，位于炮台岭东南侧山湾，居有徐、郑两姓，以徐姓为多，于清道光年间从宁波迁来；岑港荞麦山南麓油车王，村落沿山脚呈点状散布，村民皆姓王，清康熙年间从小沙迁来。

半个多世纪以前，传统农耕型村落的宗族文化非常明显，宗族情结十分浓厚。宗族是村民社会生活的基本单位和活动中心，大多数传统村落拥有祠堂、族田等宗族公共场所，有族谱、族规和各种礼仪活动。千百年所凝练的约定俗成的家族文化，为家族成员所遵循，成为一种为人处世之准则。如定海南山夏夏氏祖训，与宗谱一起始创于南宋咸淳年间，相传已近千年，传统文化中固有的仁义礼智信、忠孝节义、礼义廉耻等美德在夏氏祖训中都有体现。20世纪50年代至70年代，剧烈的政治运动、社会结构变革，以及随之而来的文化上的破旧立新，农耕型村落的传统宗族文化以摧枯拉朽之势被彻底颠覆，像祠堂、家谱、族田以及宗族关系等农耕村落的文化表现，几乎荡然无存，或者被取代一新。20世纪80年代以后，农耕村落相承千百年的传统文化，包括部分宗族文化，开始得到重视以及恢复，传统祠堂得以修缮，祭祀活动得以兴起，族谱得以修撰，乡规民约得以重视，宗族血缘关系得以恢复。如北蝉马峙村杨氏，经过一年多的辛勤努力，2017年10月，将《陡亹杨氏北马峙支谱》续修完成，使流传几百年浸透先辈浓浓情怀的杨氏宗谱能够延续。当然，在新时代随着生活方式的转变，村民意识的变化，传统农耕村落的宗族文化，与原先的宗族文化已有较大差异，如对祖先的敬畏、崇拜程度已远远不如从前，祭祀形式也不如原先那么隆重；重修的族谱较原谱有所创新，如族中女性成员姓名的写入，反映了新时代男女平等的思想。

2. “四择”而居，天人合一

海岛舟山传统农耕型村落的选址布局遵循“四择”原则，即择吉而居、择山而居、择水而居、择田而居，反映了特定历史时期舟山传统村落的地域文化背景，反映了舟山先民生产生活的特殊方式，也反映了舟山先民人与自然和谐共生的文化意念。

（1）择吉而居，是中国传统村落选址布局一个很重要的理念。人们在选址、布局和营建过程中，注重自然条件，并结合风水理念。海岛舟山传统村落，同样非常看重“天人合一”以及“万物皆成于气”的风水观念，这在村落选址、布局等方面都有很好的体现。传统村落大多负阴抱阳、背山面水。如定海西北部马目北斗岙，山村位于乱石岗西南麓山岙，村落周边共有七个山头、四个湾，形状就像天上的北斗七星，故名北斗岙。白泉河东下文“炭山刘”，村民多姓刘，村落位于大尖头山南麓山岙，山环水绕。1939年重修的《刘氏宗谱》称“炭山刘”所在聚落，“左有青龙山为青龙，右有黄山潭为白虎，前有直水路花桥头，后有竹家尖稻蓬岗”。如今“炭山刘”后山还有不少百年老樟树，树势高大雄伟，枝繁叶茂，清澈的溪水从山坳间顺势而下，环绕村落而去，确是一个藏风聚气的好山岙。

（2）择山而居。如果说河流是江南人生活的命脉，那么，山则是海岛舟山人生活的命脉。舟山传统农耕型村落各家各族先辈几乎都是沿着山脉进行生命栖息地的构筑，一个个山岙成为海岛家族代代衍生的“母体”，家族繁衍生息发展的依托。山岙挡风又裹风，风随山势而腾升，化氤氲雨雾滋润万物生灵。殷红晚霞，袅袅炊烟，峰遥拂云，竹叶松花，成为传统农耕型村落的一道独特风景。

同时，海岛地区海风侵袭、台风侵扰特别严重，村落选址首要考虑的就是如何借助自然条件达到防风、避风之效，依托山岙成为传统农耕型村落选址的一大要素。如白泉金山村，三面环山，聚落沿山呈带状；白泉岙底陈，村落在东湖大山与猫山之间的山岙内；皋泄上袁自然村，东、南、西三面靠山。海岛舟山众多村落都是三面环山，主要就是依据自然环境解决村落建筑的防风问题。

（3）择水而居。水历来是海岛舟山的一大稀缺资源，尤为珍贵，水也是传统农耕型村落选址的一大重要条件。诸多村落选址于偏僻山岙之地，背山面水，在现代人眼里，也许会觉得多么不便利，但有了山，有绵延的山峦，就有充足的水资源。《管子》上说："水者，何也？万物之本原，诸生之宗室也。"可以这样说，舟山传统农耕型村落，几乎无不依水而建，有效利用水资源是农耕村落发展的先决条件之一。不少村落就是依着一条从村后高山上流淌下来的溪坑两旁而建，弯弯曲曲的溪坑旁又有多个水井，满足了村民生活的多重需求。村落排水通畅，气韵回旋，居住环境十分舒适宜人。如白泉金山村，村中间就是一条从村后山流淌下来的溪坑；皋泄东湖村，据传古时村前有湖；马岙三潭，相传以前村里有三个水潭，原名三潭，后易写为山潭，有郑、严、唐、全等姓，郑姓居多。

（4）择田而居。土地资源也是传统农耕型村落选址的一大因素。舟山不少传统农耕型村落先民来自浙东地区，安家落户的一项首要条件就是要有一块一定规模的土地，有能够满足家族子孙繁衍生息的物质保障。不少传统村落能够延续几百年，从小村变成大村，基本是依靠充足的土地资源而得以共同生产生活。如今，不少传统村落屋前房后，仍有大小不等的田园，村落前有地势平坦开阔、土壤肥沃的田野。如皋泄童家园，东依山，西为田畈，据传三百多年前，一童姓居户曾有一块较大的园地。小沙花厅里，村庄聚落就在田畈间，呈块状。

二、渔业文化村落

相对于农耕文化村落而言，舟山传统渔业文化村落形成一定规模主要是在清康熙“海禁”开放以后，因渔而兴，因船而生。由于受海岛空间局限以及生存条件和资源等约束，传统渔业村落与陆域农耕村落在诸多方面有较大的差别。

1. 多姓氏聚居，和睦共处

渔盐之利，舟楫之便，是舟山大大小小数以千计的渔村形成的天然优势，但早期的海上捕捞作业，有着极大的风险性与不稳定性。故此，传统渔村先民来源、组成不像农耕村落那样以一姓为主，大多数渔村由多个姓氏组成，来自不同地域，既有宁波、台州、温州等浙东地区，也有福建、江苏等外省。其先民大多是因舟山海域极为丰富的渔业资源而定居下来，不少先民原为社会底层渔民，以做“长年”为生，受雇到舟山渔场捕捞。在捕捞、避风过程中，看中渔岛周围丰富的渔业资源，基本生活能够得以保障，于是安居下来。如普陀区青浜岛，是舟山著名的虾米、淡菜产区，附近海域乌贼及其他鱼类资源非常丰富，岛上居民多为清朝中期从宁波、台州、温州乃至福建等地迁来，主要姓氏有吴、周、陈、张、孙、李、林、胡、朱、俞等，以吴姓、周姓人口为多。

2. 环港湾布局，便于生产生活

近海捕捞是传统渔业村落渔民生存的主要经济来源。60多年前，舟山群岛近海港湾仍然有丰富的渔业资源，盛产大黄鱼、小黄鱼、带鱼、墨鱼、鳓鱼、鲳鱼、海鳗等。每当立夏到夏至墨鱼汛期，成群结队的墨鱼齐集至近海清水滩横头产卵，舟山渔谚：“立夏连日东南风，乌贼（墨鱼）匆匆入山中。”为了捕捞生产作业与出入方便，海岛渔村基本上沿着港湾而建，逐渐形成了海岛渔村特有的近岸、近海村落布局形态。不少渔村民居房屋前就是临海的湾口、沙滩，出门就可拾贝抓蟹。如嵊泗县花鸟山，其南湾、北湾是广阔的天然港湾。出湾，就是辽阔无比的海域；进湾，则是风平浪静的避风港。当地渔民的先辈许多来自浙江台州、温州以及岱山，见这里有这么好的港湾，又有丰富的鱼类资源，靠一只小舢板也能生存，于是就定居下来。后来，亲带亲，邻带邻，来花鸟安身立命的人越来越多，花鸟山的各湾口、各岙口，就有了一个个小村落。

3. 层叠式民居，节地思想明显

海岛渔村所在地岛屿大多为小山脉，陆域空间相对狭小，但山岙港湾却是避风的绝佳地。如普陀区白沙村，村落选择之地，前靠海边，左右及后背为隆起的山岙，既能抵挡台风侵袭，又便于泊舟作业。开始进入渔岛定居的渔民会选择在相对平缓的靠海滨山坡上建房，随着岛屿人口的不断增加，民居就逐步沿着山坡往上而建。而由于陆域空间狭窄，没有条件构筑像农耕村落那样的院落式居住结构，渔村民居大多是单排居住形式，屋前空地也较狭窄，民居之间相距较近，仅留一条通行的过道，层层叠叠，日积月累，形成了层叠式民居风貌。如普陀白沙渔村民居房屋之间前后相接，密集建造，左右相连，布局紧凑。普陀青浜岛民居也是如此，房屋依山而建，层层叠叠，密密麻麻。

三、商贸文化村落

清康熙二十三年，舟山开禁以后，浙东地区大量移民涌入舟山渔岛山村，开荒垦地，筑塘围滩。浙江台州、温州及福建等地渔民因舟山海域渔业资源极为丰富，选择避风港湾山坡设厂，作为捕捞加工作业的临时之地，而后慢慢形成聚落。古代舟山交通极为不便，内陆山区多以步行，渔村出行以手摇舟楫为主，交通半径距离有限。后来随着人口逐渐增加，生产生活所需，在一定区域内相对人口集中点、交通枢纽中心等地，形成了贸易集市，并随着人口进一步集中，逐渐成为一个以商贸文化为主的村落。

1. 多姓相聚，诚信经商

海岛舟山商贸文化村落居民多为单个家庭，居住历史不长，大多在五六代之间。如白泉十字路街，清咸丰六年（1856）前后，十字路老殿边有源春和油坊开业，士民颜继熙等3人合伙在十字路创办同寿堂中药铺。清光绪三十三年（1907），王亨彦编撰的《定海乡土教科书》称白泉“十字路街市廛错杂，贸易颇盛”。民国时，十字路街市贸易兴旺，有粮油加工、南北杂货、食品糕饼、烟酒糖果、印染纺织、棉布百货、中西药铺、咸鲜水产、猪肉蛋禽等货在十字路街市贸易。另据统计，民国三十七年（1948），白泉境内有各类店铺作坊65家，而一半以上就集中于十字路街市，街上居有翁、辛、章、刘、李、颜、庄、鲍、袁、马等姓氏家族。

在地缘上，农耕型区域内商贸村落的居民大多来自街边周围不远的农耕村落，从农耕作业转变为商贸经营；而渔岛内商贸村落的居民中有原来以捕鱼为业转为渔业生产、生活服务的商业，也有来自周边的农耕家族开店经营，亦耕亦商。在宗族聚落上，沿街居民相互之间基本没有家族亲缘关系，没有宗祠，居民家庭婚丧大事仍然以原宗族习俗进行。渔岛商贸村落，历史上，常会根据居民来源地形成各自小聚落，并建庙造宫，以达到一种精神上的凝聚力。如嵊泗花鸟山，以前各个岙口，所住人口相对来自相近地域，故此都会在所在岙口建庙建宫。

2. 带状形村落形态，空间结构多样

商贸型传统村落整体形态多为带状形，是一种沿着街道商业活动而形成的村落。街道是商贸村落中心地带，也是周边村落来往的交通要道。随着来往人口流动频繁，市场商业氛围逐渐形成，街道周边慢慢集聚起村落模样。商贸型村落居民来自不同地方、不同姓氏，有一定经济财力的，开店经商谋求更大利益；也有不少有一手传统技艺的，设台摆摊，养家糊口。除了商业经营店铺外，学校、医院等设施建设也以街道为中心进行布局。如马岙唐家村，该地为马岙等东向片村落与小沙、大沙等西向片村落人员往来的主要交通要道，大量过路行人为唐家村带来商机，于是逐渐形成村落。

商贸型传统村落空间结构通常为一字形、十字形或丁字形结构。一条主街贯穿村落始终，商业店铺和村民住宅沿着主街两侧或单侧展开布局，主街不仅是村落的商贸中心所在，在特定历史阶段还承担起一定区域内的商贸交流枢纽的功能。商贸型传统村落的其他街巷往往交互于主街道，主街道与其他次街巷构成十字形或者丁字形等布局形态。如岑港司前街，因明洪武二十一年（1388）设岑港巡检司于此，故称司前街。街呈南北走向，长约 500 米，200 余户居民，沿街两边聚落。柳行半边街，是金塘岛最早形成集镇街市之地，历经 250 余年。清康熙《定海县志》就有柳巷街的记载，清嘉庆年间，柳行已呈集市雏形。柳行半边街是以河成街，面河筑屋，街桥相连，水巷一体，如今还保存着晚清及民国时期海岛古巷的风貌和格局。

3. 楼下开店楼上居住，生活经营两不误

海岛舟山商贸型村落的沿街居民住宅为砖木结构，建造历史大多在一二百年之内，居住形态多为楼下开店楼上居住，或者前店后坊，前店后院。这与农耕村落民居有一些差异，如院子坐落不讲究朝向，面向街道，开门开窗，形成面对街道经营的开放空间；沿街屋面装饰简易素静，门窗、屋檐少雕饰。沿街商住院落没有专门的院门，没有天井这样的空间，入口即为店铺，店铺入口与内部院落相连通。院落前后之间空间狭窄，左右“勾肩搭背”。街道路面石板铺地，店面商铺板门可装可卸，昼开夜闭。如白泉十字路街、干磧龙头街，街面是青青的大石板，街道两旁有楼房的，底下商铺，楼上住人；平房的是前店后院。

海岛舟山传统特色村落的形成，既带有深厚的中国传统文化印记，也与特殊的海岛自然环境有密切关系。千百年来，传统村落所形成的空间布局、民居建筑形式以及文化特征，对于现在的乡村建设仍具有重要的参考价值。

目 录

柳行半边街：乡情风韵和谐如画

这是一个很有味道的乡村，一个很有故事的集市。蕴含历史痕迹的老街里巷与纯朴厚实的民风乡情相融相济，蜿蜒清澈的河流，紧挨着古巷集市静静流淌，岸边柳枝飘逸，田野鸟语花香。乡村的味道、人文的故事在古宅老屋的质朴时光中浸润，在四季常青的田野上孕育，在潺潺不息的溪水中流淌。这就是位于舟山跨海大桥的第一站——金塘岛的柳行；一个令人留恋的有着民国风情的古街——柳行半边街。

一

柳行古称柳巷，相传因村边河岸柳树成行而得名，方言“巷”“行”同音，遂称柳行。柳行是金塘岛最早形成集镇街市之地，历经250余年。清康熙《定海县志》就有柳巷街的记载。清嘉庆年间，柳行已有集市雏形，光绪间曾设镇建制，成为金塘岛集市中心。柳行半边街与舟山其他乡村古街集市不同的是，以河成街，面河筑屋，街桥相连，水巷一体，景致幽雅，完整地保存着晚清及民国时期海岛古巷的风貌和格局。如今，这饱经百年沧桑的柳行古街，每天吸引不少慕名的游客前来探奇。

柳行半边街是一条特别适合随意漫行的古街。街不长，二三百米的街面，不时有狭长陈旧的小巷小弄穿插其间，让你不觉间进入历史的光影里。时间在这里沉淀，耳旁似乎传来银铃般的童谣：“笃笃笃，卖粮粥，三斤胡桃四斤壳。吃我肉，还我壳，婆婆看了眼泪出。”弯弯小巷，长长老街。昔日的繁华与沧桑虽已随风而去，偶坐于老宅屋檐下那泛着青光的长石条上，脚踏斑驳的石板，一声声“嬷嬷”“阿婶”“姨娘”……带着浓浓海岛口音的称呼，却似乎让你听见了历史悠长的回音。在柳行，你还能见到那久违的古老的农耕器具和传统的生活用具。“挑竖屋馒头”“送生姆羹”“立夏吃蛋”“端午做乌馒头”……传统的生活习俗，又让你顿然觉得日子是这样温馨，这样恬适，这样有记忆。

柳行金井桥

如果你对历史并无多大兴趣，那就在柳行金井桥上闲坐一下，这里是观赏品味半边街风景的最佳位置。金井桥，是柳行半边街难得的一景，一边是那刻着岁月沧桑的老宅，一边是垂柳生姿，芳草萋萋。春夏烟雨朦胧，坐在石栏板上，倚靠方石望柱，只见烟柳画桥，春柳戏水，烟雾迷蒙间，令人感到时光倒流，沉浸于柳行版的“清明上河图”之中。如果你还想再深入了解一下，从桥上经过的陈大爷或者徐大妈就会告诉你，金井桥，建于清初，原名望仙桥。这“仙”就是桥东面的那座云雾缭绕的仙人山上的三仙堂。据说，东晋时，葛仙翁、陈禅师、金信郎在那里隐居修道。你说，这不仅景美，连桥名也多么令人遐思迩想。

半边街虽然不长，但还是有让你惊喜的地方，当然你也可能会有一时莫名的感伤。你随便走进半边街上的哪家老屋，也许就是当年的一家颇有名气的老店。当年的半边街曾拥有“永和祥”“治懋”“建业”等南货食品店，“世昌”“园梅”等棉布百货店，“唐坊”“元生”等杂货店，还有“五福堂”“瑞生堂”药店，“存心堂”“滋德堂”中医馆，还开设邮政代办、“宝和钱庄”、当铺、水作、饮食等商铺，以及染坊、锡箔店、纸塑店等，街上商铺店面有近百间。诚信为本，货真价实，乐道善行，商家多为土生土长的柳行人，商品多是自产自销、手工制作。即使已名声在外，也固守乡土，耕读传家。中医世家陈铭公，清嘉庆年间来柳行开设“存心堂”中药店，并坐堂行医。道光二十七年（1847）其子陈修贤继承父业，在柳行祖居设医寓。陈修贤孙桂馨攻读医籍，师从镇海沈氏，民国四年（1915）回乡行医，后又开“滋德堂”药店。陈桂馨子隆骏也随父从医。一家四代行医，造福乡里。

二

在这遗留下来的大大小小老店老屋中，有两家特别要向你推荐去看看——半边街上的陈家“天佑堂”和57号陈家小院。这两家老宅子不仅建筑有特色，人文故事也很丰富。

陈氏是柳行的大姓，“天佑堂”是陈家的祖堂，是陈家老宅院落的中心所在，庭院空间布局重视宗法伦理，四平八稳，秩序感极强。在陈家老宅前屋穿堂间，还保存着两副石刻对联，你可得好好品味：“认天地为家休嫌室小，与圣贤共话便见朋来”“左琴右书谁识个中趣味，南邻北里那知物外佳游”。乡村僻壤竟有如此意境高雅的对联，让人刮目相看。住在“天佑堂”厢房间的80多岁的陈老先生还会告诉你上辈传下来的当年柳行的一些故事，比如清嘉庆六年（1801），柳行出了个大人物，陈家陈复旦高中“武举人”，“天佑堂”前墙门外原两杆高高矗立的彩旗，是柳行人的骄傲。

柳行57号陈家小院，是市级文物保护单位。这座建于20世纪30年代的小院，十分儒雅精巧。“堂前间”的六扇隔扇门，浸透着时光痕迹的木纹肌理清晰可辨，几何形回字纹槅心棂条，轻盈流畅，极具美感，在乡间老房子中极为少见。小院天井里那六七只大小不等的瓷缸，就让人感到非常亲切。大的俗称“七石缸”，以前或用来储存稻谷，或用来腌制咸菜，天旱时还作为水缸。那个年代，在乡下，农家多用“七石缸”来腌制雪里蕻菜。用雪里蕻菜腌制而成的咸菜，是定海乡村的特色菜。定海俗话中就有“冬芥咸菜抵夏肉”“家有咸菜不吃淡饭”“三日不吃咸菜汤，脚骨有点酸汪汪”。

70多岁的陈崇礼，在小院住了20多年，虽然现已搬到定海老城，但还是会时常来探望一下乡里乡亲，唠叨唠叨。也许你正巧遇见他，他会自豪地说陈家的先祖曾做过官，以前堂前间有头戴官帽、身穿官服的先祖像。他的爷爷原在镇江开店，也是有一定规模，后听了算命先生的话，举家迁到柳行，前店后院，买卖柳行的农副产品等货物。陈家小院西边宅门门额上的"昌占五世"四字，是承载陈姓家族历史的专姓门额，记载着家族先辈光宗耀祖的事迹，也寄托了家族世世代代繁荣昌盛的美好意愿。

三

若想看看柳行的民俗乡风，半边街不远处有一个前些年刚建的文化礼堂，值得你去瞧一瞧。社区干部小钟是个很好的"讲解员"，在文化礼堂的民俗馆，小钟会告诉你这里陈列着的百余件生活味道特浓的展品，青花瓷瓶、粉彩花碗、欧式台钟、石磨石臼……，都是当地村民自愿捐献展出的。民俗馆内还有一件"宝贝"，这在其他地方可是难得一见，以前菩萨神像出殿巡游的"座椅"——"船鼓"，有将近上百年历史。整座"船鼓"华贵多姿，集多种雕刻技法于一体，几十年来，一直静静地搁置在柳行陈家祠堂里。社区建文化礼堂民俗馆，热心的村民就把这"宝贝"捐献了出来。历史上，为求风调雨顺、五谷丰登、人畜太平，每年农历二月初十至十五，金塘民间会举办"东岳会"。柳行的"船鼓"是整个游行队伍中最有亮点的一个内容。原汁原味、丰富多彩的民俗风情，让柳行更显文化魅力。

文化柳行，生态柳行。如今的柳行已是省级文明村，入选全省2014年度美丽宜居示范村试点。在这里，青山绿水与古街里巷交相辉映，历史文化与绿色生态浑然一体，美丽田园与乡村风韵和谐如画，自然风光与农耕文化完美交融。不久的将来，百年柳行半边街将带着浓厚的历史文化韵味，成为海岛旅游观光、度假休闲的胜地。

2015年7月13日

大丰老街、老人与老匠

大丰，历史上曾是金塘岛的政治、商贸、文化中心地。宋元时期，属金塘乡大岙村。清康熙年间，属金塘乡金三庄。民国时期先后属金三乡、大丰乡。1949年10月5日，金塘解放，设大丰、柳行二乡。1992年至2001年6月，为大丰镇政府驻地。2001年7月后为金塘镇政府驻地。

大丰老街

大丰有一条清末形成的老街，曾是金塘岛的一个商业中心。2018年10月28日，秋高气爽，桂香稻黄，我与同事老叶一起坐上定海至金塘的公交专车，大约50分钟后，到达金塘客运中心，转车至大丰。在大丰新道大马路公交站点下车，直奔久闻大名的大丰老街。

大丰老街长400来米，呈东北—西南走向。在老街一头，看着狭长陈旧的街道，砖木结构的商住兼用的老宅，心里一下子感觉到很亲近，似乎就是自己的出生地一样。我的出生地也是乡下老街——定海东向片乡村很有名的白泉十字路老街。大丰老街上的这些老宅，大多为两层民居，楼上住人，楼下开店。老宅朝街面的，从上到下，几乎全是木质结构，楼下店面是木排门，楼上有栏杆，有隔扇门。我想，从前，每天天蒙蒙亮时，各家各店就会卸下块块排门，整理好货物，开门迎客。夕阳西下，月上树梢，街上就会响起“噼啪噼啪”的上排门声，这是老街特有的一道风景线。现在风景虽逝，但一望见这似曾相识的老街老屋，脑海里还是能够浮现出小时候的白泉老街记忆。

在一家文具店，一位60多岁的方姓店主告诉我们，大丰老街分东街、中街和西街，过去有三四十家店铺，南货店、杂货店、中药店……各种生活所需用品在老街上都有。20多年前，为适应大丰经济发展，建起了大丰新街，老街原来的商贸功能逐渐退却，如今只剩下几家店铺。方师傅还告诉我们，除了商铺以外，大丰历史上很有名的干大圣庙，原来也在老街旁，舟山解放前着火烧掉了，1959年时，在庙址上造了大礼堂。他父亲对干大圣庙非常熟悉，2013年，金塘开发建设管理委员会编写的《金塘印迹》中的干大圣庙老庙宇图就是他父亲手绘的。现在的干大圣庙在钟家岙稻蓬山脚下，是1989年当地村民集资在钟家岙购置三间旧房重建起来的。

干大圣庙供奉的是元代昌国（即今舟山）同知干文传。《中国海岛志・浙江卷》（2014年）第二册第二篇“金塘、册子诸岛”有干大圣庙遗址及干文传介绍文字，摘录如下：

干大圣庙遗址：位于大浦村。元代建筑，祀元昌国州同知干文传。明天启《舟山志・卷之二》载：“先在金塘乡。永乐初，众信移建城之北。”庙基仍存，1959年在旧基建金塘公社大礼堂，1980年改建为大丰电影院。

干文传（1266~1343年）字寿道，平江人。少嗜学，十岁能属文，未冠已有声誉。元延祐二年（1315年）登进士第，授同知昌国州事，累升婺源知州，徙吴江，皆有善政。……《金塘志》载：“传知昌国，颇具惠政，因泽州民，适作新安。州民航海送行，舟至金塘，登岸稍停，乡民感恩，立庙以祀。”

在大丰老街行走，我们看到有一座老宅院，就走了进去。老宅院正屋有 7 间，梁枋柱子用材都非常好，方整的石板道地，也没什么损坏，正屋两边看样子原来还有厢房。从正屋堂前间一侧房间里出来一位头发花白的老太太，向我们打招呼。老太太名叫鲍招娣，已 89 岁高寿。老太太耳不聋，记忆力非常好。她对我们讲，这老宅院原来的主人姓陈，是个大老板，大丰小河头也是这个人造的。老太太的娘家在沥港，父亲在这里开店，店号“长兴”“长建”，在大丰老街有一定名气。老街里还有“永茂”棉布店、“戴兴”杂货店、“泉昌”酱油店、“兴和”南货店、“济生堂”中药店、“戴阿存”公泰行等店铺。她 10 来岁时，有一年父亲刚从上海进了 12 匹布，家里就来了强盗，把新进的布全部抢去了。强盗从小李岙上船，大浦口下船。她亲眼见到父亲当时在店门口跪着苦苦哀求，母亲吓得瑟瑟发抖。从此家里一落千丈，父亲也后悔地生病死了，店就由他们夫妻来开了。鲍招娣 47 岁时，来到定海老城里开店，在解放路原工农兵饭店旁租了店面房。开始是卖早点，后来开了一家小饭店，在定海老城里一直开了 10 多年。58 岁时回来了，在大丰老街买了现在的房子。与老太太交谈的时间虽然比较短，但感觉到老太太以前是很有商业头脑的，还有一定胆识。

这次在大丰街上走访，竟然见到了两家铁匠铺，而且前后相隔不远。传统铁匠铺殆尽，在乡下难见踪影。大丰街上两家铁匠铺的师傅年龄都在六七十岁，虽然现在已基本不打以前的农村生产劳动工具了，也不打菜刀之类的生活用具了，铁炉子也不是那种传统的风箱，但还是用铁锤来锤打烧得通红的铁家伙，一铁锤下去，火星四射，这情景让我想起 40 多年前白泉十字路老街上那对兄弟的铁匠铺。

白泉老街上的打铁铺，是我小时候最喜欢去看的店铺。打铁的两兄弟年轻力壮，宽厚的胸膛，有力的手臂，挥动的铁锤，有节奏的叮当声，火星四溅，这一切现在想来就是一幅生动精彩的画面。每至夏季，兄弟俩赤着上身，汗水顺着脸颊直往下滴，哥拉着风箱，“吭哧吭哧”，炉膛里的火苗直往上蹿。当要锻打的铁料在火炉中烧到通红时，哥哥就迅速地用铁夹夹到打铁墩上，兄弟俩一番锤打，几经反复，铁料就变成了想要锻造的物件。对于小时候的我来说，这是多么神奇的一件事啊。

大丰街里的打铁铺，其中一家打铁匠姓严，名龙舟，今年62岁，大丰人,原来在大象村里打铁,到大丰街上开打铁铺是1990年,也快20年了。说起打铁手艺活，严师傅连声感叹，他以前是种地的，后来生产队分田到户后，他老婆舅是铁匠，于是就跟老婆舅一起做铁匠了。这一打，就打了30多年。严师傅说，以前打铁忙啊，农村里生产劳动工具、生活用具好多都是铁匠师傅一锤一锤打出来的，挖土的锄头，平土的钉耙，耕地的犁铧，割草的镰刀，砍柴的斧头，等等铁具，都是经过铁匠的手一锤锤打出来的，家里的锅铲、菜刀，也出自打铁铺。打铁虽然辛苦，但一旦技艺在手，生活还是过得去的。

严师傅说，过去打铁，不光要有力气，技术含量也是要的，打铁器工艺还相当复杂。比如打一把菜刀，就要好几道工序，首先要将铁料放进高温的火炉里烧软，然后分几次锤打，几次放进火炉里烧软，再锤打。单是锤打，也是很有技巧的，凭目测要不断翻动铁料，趁热打铁。基本成型后，再经过淬火、锉刀手工打磨等工序，一把菜刀才算完成。现在劳动工具、生活用具已经基本不靠传统铁匠铺打造了，他们现在的活都是一些杂活。我环顾严师傅的铁匠铺，以前手拉的风箱变成了电控的鼓风机，墙壁一角有一把传统铲刀，已经生锈，看来有许多年没使用了。严师傅告诉我，现在已经没人来学打铁了，他再做几年，也要歇手了。看来，那响彻千年的“叮叮当当”的打铁铺声音，也将成为一种历史的记忆了。

大丰老街，定海乡村老街的一个缩影。若干年后，如今仅存的一些老旧风貌也许又将消失，今略记之。

2018年11月12日

随性而建的大鹏岛古民居

在走访百村过程中，金塘大鹏岛是我走访考察次数比较多的一个乡村。五年时间里，我前后到过三次，对大鹏岛的认识，特别是传统民居，有了一个由浅入深的认识过程。

三次走进大鹏岛

我记得第一次去大鹏岛，是 2014 年 7 月一个盛夏之日，相约几位民进同人，在沥港码头坐上轮渡，急迫的心还没平静下来，船就已经靠到对岸大鹏岛的码头上了。同行的几位都是第一次踏上大鹏岛，虽然在来之前做过功课，但还是有几幢老宅没走到，再加上天气酷热，走得比较累，很快就打道回府。

第一次走访回来后，我对大鹏岛其中的三幢传统民居进行了文字记述。2016 年 12 月，得知大鹏岛被列入国家级传统村落名录，触发了我对大鹏岛传统民居建筑地域特色的深入思考，写了一篇《国家传统村落大鹏岛民居四大建筑特征的人类学考察》的文章。

第二次去大鹏岛，是 2017 年 1 月，为了写有关大鹏岛保护方面的政协提案，再次实地调研，约了市渔农委几位干部一起前去。那天到了大鹏岛，下起了小雨，气温也比较低。在岛上，我发现村里已经有了保护利用传统民居的意识，几幢老宅院前，都立了一块文字介绍牌子，村道也开始加宽。这一次看了以前所没到过的几幢老宅。回来后写了一则

《关于将大鹏岛打造成为浙江“海岛型”传统村落样板的建议》的提案。2018年3月22日，浙江日报社舟山分社林记者，想写一篇有关乡村振兴的文章,问我从什么角度去写比较好。我说是否着眼于一个具体的案例，就向他推荐了大鹏岛，于是陪他走入大鹏岛，这是第三次到大鹏岛。记者写的《“海上周庄”如何在保护中发展》的文章后来发表在《农民日报》上。

胡家大院与杨家大宅

大鹏岛，在舟山传统乡村中，它的原生态环境，它的传统民居建筑数量，都是其他乡村所无法相比的。这几年的走访，我发现大鹏岛的传统民居不仅有故事，还很有特色，有些建筑形式的形成，其原因可能还需要进一步探究。

在现存的传统民居中，我比较喜欢位于大鹏24村港口的胡家大院。大鹏岛有不少古朴的老宅院，而胡家大院的院落造型、建筑体量，以及装饰特点，与其他老宅院相比，就像小家碧玉似的惹人喜爱。从远处看，它背依青山，观音兜式山墙看上去很圆顺。院东边有一方形小池，水面上不时见有小鱼，环境十分清雅。院落布局十分精巧。正屋通面阔七间，

胡家大院

穿斗式梁架，进深七柱七檩带前廊；东、西厢房各两间，穿斗式，进深五柱五檩，也带前廊。厢房与正屋之间有一石板铺地的小天井，虽不相连，然厢房廊前有圆拱小门，有一檐廊连接正屋，这样即使下雨天，院落之间走动就能够不湿鞋。胡家大院正屋明堂（俗称“大堂前”），六扇隔扇门上方的连楹雕饰着实让这间“大堂前”一下子威武起来，一根足有 5 米长的木头上精心雕琢了“双龙戏珠”图。如此长的龙饰木雕在海岛传统民居中还是比较少见的。

胡家大院墙门装饰的文化内涵也非常丰富。墙门门楣上坊是传统民居常见的象征“白璧无瑕”之意的五个空白长短字牌，中坊由五个大小不一的镜框式组成，正中门额镌刻“居仁由义”四字。“居仁由义”出自《孟子·尽心上》，其核心之意就是做人要内怀仁爱之心，行事要遵循义理。在海岛一个普通的农家院子看到这样有着意境高雅的门额，着实让人吃惊。

2018 年 10 月 28 日，在金塘沥港走访时，在沥平社区老年活动室，遇见了一位正在读报的老人。老人家姓胡，今年 78 岁。一打听，原来老人家就是大鹏岛胡家大院后人。老人家虽然一直在大鹏岛务农，但可以说是一个文化人。他是 60 届舟山中学学生，初中、高中都是在舟山中学读的。原来可以上大学，1960 年严重困难，加上家庭出身因素，就回农村做农民了。老人家的父亲也是一个文化人，从宁波的浙江第四师范学校毕业，毕业后就一直在大鹏岛当小学老师。胡家大院是他爷爷手里建造的，有 100 多年历史了。他爷爷是雇船的，据说整幢房屋材料都是从大陆地区整体买来，按照老样子仿造的。故此，胡家大院与大鹏岛的其他古宅相比，其建筑风格、样式总有点不一样。

在大鹏岛，还有一古宅，其门额同样也让人称奇。那就是位于大鹏 25 村的杨家大宅，据传是 1895 年由杨希栋建造。古宅坐东北朝西南，占地面积 500 平方米，南面台门上方粉红色石匾上镌刻“关西旧风”四字。杨希栋何许人也？杨希栋是历史上金塘有名的乡绅，热心于家乡公益事业。《定海县志》（1994 年版）记载：“太平山灯塔，原名沥表嘴灯塔，位于沥港镇大鹏山西北角，清光绪二十八年（1902）沥港大鹏山人杨希栋募资建造。民国 22 年（1933）其子杨圣波捐资万元重建。”1921 年，杨希栋还出资在大鹏老埠头西首 200 米、大鹏碶南面新建埠头一座，取名为“杨升记埠头”，埠头旁另建“息影亭”候船亭一座。后其子杨圣波（时任上海航政局代局长）于 1933 年出资万元，重修大鹏渡口埠头、候船凉亭。

那么，杨家大宅“关西旧风”门额，其意何在？我想应当与“关西”地域以及杨氏姓氏有关。关西，指函谷关以西，相当于今陕西一带。弘农华阴（在函谷关以西）人、东汉名臣杨震家族世为关西望族，《后汉书·杨震传》：“震字伯起，弘农华阴人也。……诸儒为之语曰：‘关西孔子杨伯起。’”杨希栋家族世系是否与弘农杨氏有关，不得而知，然我还是以为“关西旧风”四字可能与“关西孔子”杨震所创立的杨氏家风有关，或者所指的是那绵延流长的关西地域风尚。

随性而建的大鹏岛传统民居

在大鹏岛行走，你会发现岛上的这些老宅，其建筑走向、布局等，不少不同于定海其他地方的传统民居。对于这一点，我开始也是不得其解。后来我想，这是否与岛的自然地理环境以及以前大鹏岛人所从事的职业有关呢？这样一想，岛上那些不拘一格、随性而建的建筑就似乎说得通了。

从自然地理环境来看，大鹏岛呈东南—西北走向，是狭长的地形，长 3.37 千米，宽 1.01 千米，岸线长 10.8 千米。岛的中间是山势平缓的大平山，海拔只有 160.4 米。据 1992 年普查，大鹏岛陆域面积 394 万平方米，南、西、北三面有滩涂 2000 多亩。200 多年前，这陆域面积肯定还要小得多，岛上的人家开门也许就是潮涨潮落的大海，现在不少村民居住地不远处就是海涂。这样的地形环境，对于大鹏岛不少传统民居院落呈横向型的特征，也许就可以解释了。大鹏岛传统民居往往是正屋一字排开，正屋间数有五间、七间之多，而厢房只有一间或两间，有的只是一边有厢房。如位于 28 村埠头中岙，建于清光绪初年的沈家前院，正屋面阔五间，左右厢房各两间；26 村刘家岙外刘家民居，已有 200 余年历史，正屋面阔六间，西厢房两间。这样的院落状况在定海其他地方很少见到。

从生产、生活方式来看，大鹏岛原住民不少从事航海运输，岛上以前有“三个半农民”之说。至20世纪30年代，有的已发展成为船商大户。他们每天所面对的是辽阔的海洋，风里来，浪里去，相对纯农耕地方来说，那种传统儒家规矩的约束可能比较少，行为上较为粗放自由，反映在住居上，就是随性而建，不苛求规整。比如，定海农村传统民居院落，空间布局大多为方形或矩形，院落主出入口大墙门通常设在正屋厅堂前方的围墙中间，整体上非常中规中矩。大鹏岛的传统民居也有院落式的建筑结构，但明显感觉没有苛求那种中规中矩，不少院落外观呈不规则的多边形，形式上相对自由。例如正屋与两边厢房没有明显的过渡“媒介”小天井或廊道，厢房常设一间或两间，有的民居没有厢房。

至于院落出入口大墙门位置及朝向，大鹏岛传统民居也没有特别重视墙门设置精神层面上的象征意义，常是哪里出入方便就开在哪里，不在乎朝向。在大鹏岛现存的传统民居中，有两种墙门设置，其位置、朝向特别值得注意。一是口朝水体。墙门入口与周边水体的关系非常紧密。在中国传统民居风水概念中，水体被视作生气之源，然对于大鹏岛来说，傍水建屋，则是从生活实用角度考虑，如方便日常生活和排污，享受临

大鹏岛传统民居

水而居的便利。水体成为大鹏岛传统民居出入口墙门设置的重要选择元素。如24村港口胡家大院，墙门向西北开，门口是一方形水池。二是墙门转折偏置。也许是为避免湿咸海风直接入内，大鹏岛传统民居墙门很多不是设置在正屋前方，而是将墙门方向转折偏处于院落一角，入户与海洋有更多缓冲的空间，避免海风直接影响住居生活。如位于25村港口中部，建于清末的王家中院，坐东北朝西南，有两处墙门，分别设在院落西南侧和东南侧。大鹏岛传统民居墙门的特别形式与周边微环境的空间秩序，反映了传统大鹏岛人特殊的居住环境和生活文化。

大鹏岛，舟山第二个被列入国家级传统村落名录的海岛村庄，如何保护和利用好这一珍稀的历史文化遗存，是我们迫切需要深思并且切实解决的一大问题。作为文化工作者，就要深入实际，挖掘研究大鹏岛这些历史遗存的文化价值，为保护利用大鹏岛传统村落尽自己的一份力量。

2019年2月18日

翁家村：一个萦绕心头的村庄

白泉翁家村，我的出生地。19 岁那年，我家从翁家村三角道地搬到一百来米远的十字路老街。后来的几十年间，我几次搬新家，父母却一直住在白泉十字路老街的家里。30 多年来，每次经过小时候生活过的翁家村，那曾经熟悉的老路、老屋、老井、老街，都是如此亲切，有一种特别的情愫在其中。

翁家桥头

翁家桥头，曾经是翁家村的一个重要地名。以桥为界，翁家村被分成两块主要居住地。那时翁家村人在外面若向别人介绍自己时，就会称自己是翁家桥头人。可惜，前几年翁家桥和翁家桥头河都被填没了。

翁家桥是一座石桥，由六七条厚实的长石条拼成，桥长约 3 米，宽约 2.5 米。有桥便有河，被翁家人叫作翁家桥头的河，其实只能算是一个水潭。桥两边分别有 20 来平方米的水面，水深半米左右，桥上头一边是洗菜洗衣，另一边上段水面也是洗菜洗衣，而流向下溪坑的地方，则是村民们冲刷便桶之处。在我的印象中，翁家桥头河的水不是很清，如果有一段时间水库没放水，又没下雨，河面上就只有一点点水，若洗大件的衣物，河水一下子就浑浊了。那时候，翁家村除了附近白泉粮管所里面有一大水潭外，其他地方没有比较清澈的水潭，水井也没几口，不少村民们日常生活洗刷，只能靠翁家桥头河了。

我家在翁家桥头的南面方向。平常洗衣服，几位大姐基本是到离家稍微远一点的万金湖庙河去洗，那里溪水长流，虽然河水也较浅，但十分清澈。家里用来煮饭饮用的井水，都是从十字路老街上的一口被当地人叫作同昌水井的老井里挑来。同昌水井，是一口室内井，六七米深，圆形的井口，像酒坛样子，井壁用青砖砌成，井水冬暖夏凉。特别是盛夏季节，喝上一口同昌井透凉透凉的井水，全身上下从内到外，真是舒畅极了。

翁家村有三口井，其中两口井离翁家桥头河较近。一口就在河的上游旁边，井口四边地面都铺设了石板，是花了不少铜钿的，可见挖这口井时应当是有大用处的。但我的印象中没有人在这口井里取水，也少见有人用井水洗衣服。井水有点浑，可能是离旁边的溪坑太近，也可能是长时间没人取水，而逐渐变成死水。但为什么有时候井下游的河水差不多快见底了，还是很少有人用这口井呢？我隐约中听人说此井淹死过人，难道就因为这，而从此没人再去用这口井了？在写这篇文章时，我特地问了二姐，二姐说她从来没有听说此井淹死过人，可能是井离溪坑太近，水质不是很好，人家又贪方便，就直接在翁家桥头河洗菜洗衣了。

另一口井离翁家桥头三十来米，靠路边，井深二三米。这口井也常是水见底，水源不足，只有下了雨以后，水才会漫上井檐口，看上去蛮清，但一般不用作饮用水，只用来洗刷而已，原因是紧靠井的上面有一户农家的养猪间。那时候每到夏季，下午五点左右，我就提一只小水桶，来这口井打水洗澡，从上初中到高中有四年时间。前些时候，我又特意去看看那口井，听说前几年挖深了一下，现在井水很清。

翁家村的第三口井是在靠村后面的原白泉粮管所里头，这口井是属于粮管所的，但住在附近的翁家村人也会到那里取水用水。

翁家老屋

30多年前，翁家村院落形式的老屋还是比较多的，被当地人称为忠波房的老屋是其中比较完整的老宅院，当年是光明大队队部所在地。忠波房老宅院正屋五间，中间三间被打通，作为大队开会的场地，左右两边是厢房，各两间，正屋与厢房相交处是库头间，大队办公室设在左边的厢房。左边厢房间还有大队卫生室。正屋前是长方形的石板道地，前面有高高的围墙，墙门设在靠右头的围墙上。那时候有一同学家就在院里。初高中时，我常去那院里，也会去瞧瞧大队办公室，觉得有点神秘。办公室有几张写字台，一排橱柜，都是老式家具，是以前土地改革时分来的。

翁家村现在还保留着部分老房子，砖木结构，有平房，也有两层楼的。与我家老屋只一个弄堂相隔的添新染布店和徐家老屋，是当年翁家村里占地面积较大的老宅院。这两个院落分别在翁家路的两边，当年虽然我每天上学放学都会路过染布店，但很少走到院里面去看看，至今只留下一个大概印象。靠路边的染布店店面，是地板房，有一整排木质柜台，染布店朝路边的还有一间很大的厨房，染布店旁边有一鹅卵石铺设的过道，可以进到院里面，外面设有墙门。印象中从过道进去后，里面是一个面积蛮大的四合院，院子里有好多七石缸，这是用来染布的。院里还有棵石榴树，也是当时少见的。

染布店路对面的那幢徐家老屋，从我记事起，已被生产小队征用，生产队名叫五四小队。据母亲讲，还在被征用之前，我家也租借过其中一间临时居住。20 世纪 80 年代，房子归还了原主人，几间老房子被用来作年糕加工作坊。冬至以后，就有人来这里做年糕，屋内是热气腾腾。有好几年母亲特地选周六周日去做年糕，为了等我们一起来做。

我家的三角道地老屋

我小时候生活过的那个三合院，以前当地人称为三角道地老屋，在当时的翁家村里也是一处结构比较规整的老式院落，这是我祖父建造的。近十多年来，每当回老家时，我常去那院落原址，虽然知道老院落已被现在的主人拆除造了楼房，早已面目全非，但因为那两米多宽、三米高的墙门还残留在那里，望着门顶上那块 30 多年前就裂开的大青石，依旧苦苦地支撑着，以前生活的点点滴滴就会浮现在眼前。

孩童时光，我是在老屋度过的。据父母讲，老屋是在 20 世纪 40 年代建造的，是乡村中比较典型的木质结构三合院。那时院落里住着好几户人家，上房与下房中间，有约150平方米的道地，两边是高高的白粉墙。我们住在上房，只有一间正屋，还有一个十五六平方米的烧饭间，堂前间是两家公用的。堂前间有六扇隔扇门，上端有九格小长方形的装置，是用来装玻璃的，风吹日晒，隔扇门都起了“皱纹”。在年年的播种季节，那飞燕就会在堂前间的顶梁下筑巢，我们就在雏燕叽叽喳喳声中玩耍。那时也没什么玩具，玩得最多的就是用香烟盒折成的三角牌来打。堂前间两边有一整排木板壁，我常在靠我家那边的木板壁上涂鸦，记忆之中的“得意之作”是一幅孙悟空三打白骨精。

老屋中印象最深的还是那烧饭间。那个年代家家户户都为一日三餐犯愁，“两夹饭”对现在人来说已是历史名词，但在那艰苦的岁月里，吃上“两夹饭”已是很不错了。每年秋天番薯收获，我家总要买上几百斤番薯，除了小部分拿到食品厂去换粉丝，其余都刨成番薯干。秋高气爽，道地上一席席竹筛晒满了番薯干。小孩子嘴馋，偷偷拿一把藏在口袋里，到学校里吃。由于大米不够吃，一年里几乎中饭都是番薯干饭。煮饭也特别难，铁锅里一边放大米，一边放番薯干，一不小心，就把米烧焦了。吃饭时，几位大姐盛饭时总是把我的那碗饭少放一些番薯干，不太懂事的我还常把饭里的几根番薯干挑出来。番薯干饭难吃，而煨粥就不一样了。有时候晚上柴火烧得比较多，母亲就把大米和水置于甏内，埋入掺有柴末的火缸中，利用火缸余热煨粥，早上就可吃煨粥了。热乎乎的煨粥搅拌些猪油和盐，味道真是鲜美极了。

那时候家里只有父母亲微薄的收入，母亲却总是调理得很好，我印象中一日三餐总有变化，总比别人家饭菜好吃。母亲还会腌一手好菜，臭豆腐、雪里蕻咸菜等等。母亲还有一手精巧的手工活，会缝衣，会绣花。特别是绣花，我家里的枕头套上都留下了母亲绣的好看图案。那时绣花是用了一种包花的方式来绣的，在枕头套布上绘印上花草鸟儿的图案，先用白线打底，然后再用不同颜色的线包缝在白线上，这样图案就很饱满。我们姐弟五人的衣服全是母亲亲手缝制的，我小时候所穿的衣服很多都是大姐们穿下的衣服改制而成。开始都是母亲手工缝制，后来家里买来了一台“蝴蝶牌”缝纫机，母亲就用缝纫机给我们做衣服。母亲还给邻里乡亲做衣服，凡是上门来求母亲做衣服的，母亲总不会拒绝，即使忙完了一天的活很累了，还是会抽时间给邻居家做衣服。

老屋后面有一块八九平方米的小菜园，土质很瘦，原来是乱石堆，母亲硬是用双手挖出一块块石头，挑来一担担泥土。小菜园里我们会种上一些青菜。冬天里，下了雪，我们就从雪中挖出几棵青菜，烧青菜年糕，全家人围坐在一起，每人热乎乎的一碗。那青菜可是脆脆的、甜甜的，那滋味至今还在。

白泉翁家村，几段记忆，一种怀念。

翁氏祠堂

2018 年 12 月 28 日

白泉繁强村的几则掌故

定海白泉繁强村，王姓是一大姓。据说清康熙解禁后，来白泉开垦定居的村民中，翁、虞、章、王是最早的几大姓氏。白泉王姓中，繁强村最多，次之可能是柯梅王。繁强村的王姓家族，“自山东迁至定海城中，复自城中徙至白泉”。清初实行海禁，王氏祖先“流离颠沛侨寓于杭”，清康熙二十八年（1689），重回故土。历史上，王氏家族声名卓越，清嘉庆二十二年（1817），礼部尚书、浙江督学汪廷珍曾称赞王氏家族“人才蔚起，文风丕振”。繁强的协成里、抬头弄、田舍王、田中央、西成王等地都以王姓为主。

2018 年 3 月 31 日下午，笔者特地到田中央王青松姑丈家，听他讲繁强村的老掌故。姑丈今年已 70 多岁，王氏第 12 代，“有”字辈，他所知道的繁强村王家故事都是小时候茶余饭后听他爷爷讲的。20 世纪 40 年代，姑丈的爷爷在定海道头一家轧米厂当账房先生，也算是个有文化的人。姑丈的名字很有意思，他族名有校，十二月廿日申时出生，爷爷又给他取了学名，叫菁申。20 世纪 50 年代初上小学，老师登记姓名时，只听音就写了“青松”两字，于是一直就用这个名字了。一个下午时间，姑丈讲了很多逸闻趣事，有些是我以前看《王氏宗谱》以及走访中已有所知晓的，这里略作整理，以飨读者。

百年祠堂：几遭火厄，几经重建

位于田舍王的王氏宗祠，是繁强村王氏家族宗祠。王氏宗祠坐北朝南，前后三进三开间，分为门厅、正厅和后厅，建筑面积 430 多平方米，占地面积 600 多平方米。正厅采用抬梁式构架，中间有六根粗圆的柱子，前檐柱与金柱间顶为卷棚造型。正厅不设屏门，敞开式，便于举办婚庆和丧事。

正厅梁架构件皆精雕细琢，梁罩、梁枋、雀替等都雕刻了龙凤呈祥、喜上眉梢、松鼠松果等吉祥纹饰，以及群仙贺寿、福寿双全、桃园三结义等内容。在定海乡村中，繁强村王氏宗祠无论其规模，还是雕饰效果都名列前茅。据王家老人回忆，宗祠大概于民国十二年（1923）重建。

现在我们看到的王氏宗祠，是第三次所建。王青松告诉我，他小时候听爷爷以及族里老人说起过宗祠的事情。王氏家族在繁强立足生根以来，几百年里，宗祠遭遇了两次火灾。第一次着火毁坏以后，当时族里有不少族田，有一定财力，于是准备在原址上建造一座比原来更大的宗祠。但原址不够大，旁边倒是有一块地，地主人家是个孤孀，姓王，是柯梅王，不是同族。于是族人就去商量，是否可以出让那块地。那个孤孀女人提出了一个要求，让她的儿子能够归到田舍王王氏族里，族谱里要吊上红线。这可是一件大事，几个辈分比较大的族人进行商量，大家以为唯有

王氏祠堂

让孤孀女人的儿子继拜族长老头，才可以让他进族谱。后来就这样解决了土地问题，造了一座据说是走马楼样子的宗祠。

第二次着火，据说是民国二年（1913）三四月份，有一个族人在祠内烤仔蟹，不幸引起火灾，烧毁了祠堂。发现着火后，族里各家各户不是先去救火，而是忙着去抢自家祖宗牌位。大火借着风势迅速蔓延，结果宗祠再次被毁。第三次造宗祠大概从民国五六年间开始，民国十二年完工，宗祠规模气势却不如第二次。

“节孝”匾额，37年的含辛茹苦泪

繁强田中央王氏小祖堂里，高悬着一块清光绪皇帝钦旌“节孝”匾额。这块匾额能够保存至今，殊为不易。王青松说，50多年前“除四旧”，村里几个红卫兵来祖堂抄家，要把那块匾烧掉。王有志的阿娘看到后，就去阻止，对这几个人说：“我正缺一块斩鹅草的砧板。”就把那匾拿到家里，藏在灶房间柴堆里，才侥幸保存下来。

繁强王氏家族虽居乡间，但不忘诗书，彬彬乎文教，恪守礼义，民风淳朴，贤德之风代代相传。嘉庆十九年（1814）四月，定海知县沈泰在《义田序》中称：“王氏子孙其共承先志，毋坠家声，守土者有厚望焉。”“节孝”匾额是清光绪三十四年（1908）皇帝颁旨的，为表彰田中央王荣琮妻陈氏守节尽孝之德。

据《王氏宗谱》记载，王荣琮，生于道光十三年（1833）二月，卒于咸丰十一年（1861），生有一子一女。王荣琮过世时，其妻陈氏28岁，子昌颐才4岁，还有一幼女。陈氏虽为羸弱女子，然不怨天不尤人，默默承担起家庭重任，一心一意秉持家业，含辛茹苦，将子女抚养成人。子昌颐后为国学生。在陈氏65岁时，光绪皇帝颁旨，钦旌节妇陈氏。

田中央王氏祖堂“节孝”匾额，灰黑底色，额中上方直书红色的“圣旨”两字，中间是“钦旌”两个泥金大字。匾额的两旁各有一行泥金隶书：右边是“头品顶戴陆军部侍郎浙江巡抚部院提督军务节制水陆各镇兼管两浙盐政增为”，左边是“光绪三十四年岁次著雍涒滩厥律应钟之吉故儒士王荣琮妻陈氏立”。

匾额右边上的"增"是当时任浙江巡抚增韫的姓。增韫，蒙古镶黄旗人，1908 年擢浙江巡抚，是清最后一任浙江巡抚。匾额左边"岁次著雍涒滩厥律应钟"一行字，是古人表示年月日的一些说法。"岁次"是中国传统的表示年份的用语，古代以岁星（木星）纪年，每年岁星所值的星次与其干支称为岁次。"著雍"即戊，"涒滩"即申，《尔雅·释天》："岁在戊曰著雍"，"在申曰涒滩"。而古人又把乐律和历法联系起来，依照《礼记·月令》，一年十二月正好和十二律相适应，"孟冬之月，律中应钟"。应钟与十月相应。至于"厥律应钟"的"厥"在这里大概是"这、那"之意，"吉"即"初一日"。"光绪三十四年岁次著雍涒滩厥律应钟之吉"，即光绪三十四年戊申年十月初一日。

举人王修允，崇学讲礼化民成俗

据王氏老人回忆，王氏宗祠正前方原立有两杆旗杆，说是王氏曾出过进士、举人。在过去等级森严的封建社会制度下，只有家族中有人取得四品以上官位的，才有资格竖立这样的旗杆。白泉当地有这样一句话流传："翰林出在皋泄庄，旗杆竖在田舍王"，这"翰林"指的就是清光绪十六年（1890）进士王修植。王修植，字苑生，号俨庵，皋泄人。有人说王修植先祖是从白泉田舍王搬到毛洋周的，故此旗杆就竖在了田舍王的王氏宗祠前，然田舍王《王氏宗谱》没有王修植这一支的记载。历史上，田舍王王氏家族确实出了一些人物，清顺天举人王修允就是其中之一。

王修允，田舍王王氏第七代，"荣（修）"字辈。嘉庆二十二年（1817）前后，王修允大概 27 岁，就因"贤而能文"为学政汪文端赏识。清光绪《定海厅志》云："修允生沉默寡言……弱冠受知于学政汪文端，岁科两试皆第一，遂以廪膳拔取优贡，朝考授武英殿校录，主其师汪廷珍家，执经问难，学识益扩，名噪都下……留京师十余年。"道光五年（1825），36 岁的王修允中顺天举人。以后历任江西大庾、鄱阳和河南沈邱等县知县。在大庾县，王修允"除暴安良，威德并济"。在调署鄱阳之时，"大庾之民如失慈父母，远送之境上"。后又任河南沈邱知县，该地"民风强悍，尚争。修允思有以柔之，崇学校，讲礼让，薰其德，而善良者甚众”。任满后因身体有病就回家乡白泉。“时定海两次失守地，为英法二国兵所蹂躏”，王修允于是携全家到安徽当涂，在好友夏忻家住。卒后归葬故里，享年66岁。

王青松告诉我，王修允在江西当县官老爷时，有一次乡老来报，说是稻田里有许多长着八只爪的怪东西，把禾苗叶子都给吃了。王修允叫衙役去捉了几只，原来是毛蟹。王修允把那毛蟹壳拨开，当着乡老面，蘸点酱油就吃掉了。当地老农一看县官老爷吃得津津有味，就纷纷到自家稻田里抓毛蟹去了。

据《王氏宗谱》记载，王修允有九个儿子，一个女儿，但可惜好几个正当壮年而早逝。长子慈德为近代学术名家定海紫微人黄式三之婿，国学生，生于嘉庆十八年（1813），卒于咸丰七年（1857），享年44岁。王修允“其后裔现居当涂县之黄村及护驾墪等处，唯第四子念德房下居故里”。留在白泉故乡的王修允第四子念德一房，字季兹，从九品衔，生于道光三年（1823），生子一，名为本行。

“凉帽蓬”太公的金鸡发财传说

田舍王“凉帽蓬”太公金鸡发财的故事，不知传了多少年，王氏老人大多都听上辈人说起过。这则传说，也让王氏家族有了不少神秘色彩。

王青松告诉我，“凉帽蓬”是田舍王王氏小房的太公，家里比较穷，一年四季在田野干活，不管是烈日炎炎，还是刮风下雨，头上总戴着一顶凉帽蓬，故大家就叫他“凉帽蓬”。有一天晚上，老婆将要分娩，“凉帽蓬”太公去叫接生婆，走到村口虹桥角桥头上，忽听桥下有鸡叫，弯下腰一瞧，桥下有一窝黄灿灿的金小鸡。“凉帽蓬”太公想，如果这金小鸡是我的，那等下回来后也一定还在；如果不是我的，就不能贪这个横财。等“凉帽蓬”太公叫来接生婆后，发现桥下那窝金小鸡还在，就把金小鸡带回了家。

“凉帽蓬”太公发财后，就到白泉靠海边的老碶头树行里去买造屋的树木。老碶头树行里堆着各式各样的树木，一蓬又一蓬。“凉帽蓬”

太公东看看，西瞧瞧，想挑一些好的树木。树行一个账房先生见这样一个头带凉帽、脚穿草鞋的种田人这么长时间挑三拣四，很不耐烦，对“凉帽蓬”太公说：“侬买得起吗？侬若能买一蓬，我就再送你一蓬。”“凉帽蓬”太公对账房先生说：“侬说话算数？”两人立下纸据为凭。结果“凉帽蓬”太公从裤腰带里拿出了银子。这下账房先生傻了眼，连忙去叫老板，老板赶紧向“凉帽蓬”太公赔不是。“凉帽蓬”太公也不是一个贪财之人，就付下订金，准备第二天再来拉树木。说巧也真巧，第二天竟来了大台风，下起了大雨，通向老碶头的河流泛滥成灾，潮水倒灌，一片汪洋，树行里的一部分树木从老碶头倒流到田舍王村前的“顿板桥”落水丘。“凉帽蓬”太公没花多大劲，就把树木搬到了家里，在田舍王盖起了楼屋。

白泉繁强村王氏家族，历史上唯耕唯读，恪守家训，治家有方，和睦乡里，有较好的社会声誉。如今，在田舍王、协成里、田中央等王家居住地，还留存不少老宅老院。从这历经百余年风霜的一砖一木，也许能领略到王氏家族当年的风貌，感受其古风遗韵。

2018 年 8 月 30 日

凤凰涅槃：从“后岙”到“金山”

金山村原名后岙，位于定海区白泉镇西北部。古村群山环抱，林茂水美石奇，一道大溪坑由西向东蜿蜒而过，两岸民宅依势而建，院落相接。“金山”村名，是20世纪50年代后期，因发现村里山上含有金黄色晶体颗粒的矿石而得名。这是一个人文底蕴深厚、民俗风情浓郁的历史文化古村，这里的山野处处是原生态的自然风光，山清水秀，鸟语花香，让人流连忘返；这里的村民个个是行家里手、能工巧匠，他们让家乡变得富裕，让城市变得美丽。

金山村历史悠久，是白泉境内较早有人垦荒定居的山村之一。明万历年间（1573~1619），金山大姓蒋氏始祖自奉化蒋家铺迁居后岙，清初被遣徙。清康熙十八年（1679），蒋氏五世祖蒋元贵思念故土，千辛万苦，迁回原址，重省祖墓，重开基业。沧桑岁月数百年，蒋家、林家、陈家诸姓在后岙大溪坑落叶生根，和谐共处，安居乐业。

金山村历史辉煌，这里曾为中共定海县工委驻地，抗日革命老区。1940年1月，中共定海县工委书记王起派中共党员吴敏诚、杨志行到后岙以开办小学为名建立工委机关。地下党员杨静娟、丁菲等曾来校授课，常以教学名义，进行抗日形势宣传，指导全县人民进行地下斗争。屡建奇功，续写了半个世纪辉煌的浙江省国防教育基地，1966年2月被国防部授予“勤俭创业修理连”的某连连部就驻扎在这里。2010年金山村被评为舟山市军警民共建先进社区，2014年被评为舟山市军警民共建先进单位。

精彩“非遗”，诠释风雅“海味”

金山村民俗文化底蕴深厚。历史上白泉庙会“三月半会”，后岙人就是其中的主要参加者和表演者，炽烈的民俗文化情结在一代代村民中得以流传。国家、省、市非物质文化遗产舟山锣鼓、跳蚤舞、高跷、舞龙、舞狮等项目如今在金山得到了完美的传承发扬。为了更好地传承发展舟山民俗文化，金山村不仅组建了成人参与的舟山锣鼓队、跳蚤舞演出队以及舞龙队等民俗文化队伍，还成立了少年民俗文化演出队伍，在重大节假日，经常代表定海民间民俗艺术队伍，参加社会公益性演出。2007年，金山村被评为浙江省农民“种文化”双十佳村、浙江省文化示范村，2008年被评为浙江省文化建设示范村、浙江省非物质文化遗产传承基地。

作为省级文化示范村、省非物质文化遗产传承基地的金山村，民俗文化宣传形式多样，活动丰富多彩。2013年，金山村整合现有文化阵地，建设汇集礼堂、讲堂、文化长廊、文体活动场所（包括文化活动室、农家书屋、广播室、“春泥计划”活动室、文化体育场地、文化信息资源共享工程基层网点）等多种要素，具有学教、礼仪、展评、议事、娱乐

金山村村居

等主要活动功能的文化精品站，打造民俗文化精品。目前，建有15支民俗文体队伍，包括舟山锣鼓队、舞龙队、舞狮队等。经常邀请专家进行各类培训，文化队伍素质较高。舞龙、舞狮队更是久负盛名，经常外出参加商业演出，形成了一条以龙养龙的文化产业链。

古径烟霞，心缘梵呗禅磬

金山村，旧刹古迹，令人神往。金山村的福寿禅寺，明万历年间落成，是白泉境内一大名寺。光绪《定海厅志》卷二十七《寺观》篇载："福寿寺，在后岙底。"清初遭遣徙，寺院荒废。康熙十八年，后岙蒋氏五世祖元贵思乡心切，潜回后岙，重建家园，福寿寺也得以修葺。1958年整个寺院被拆。20世纪80年代重建于水库东侧。2010年，群众又筹资动工新建。金山古村，历史上还有一座隆昌庵，光绪《定海厅志》载，后岙有"隆昌庵"。据《蒋氏宗谱》"隆昌庵石碑记"载，此庵约于清康熙年间由蒋氏先祖出资捐田兴建。乾隆十年（1745）至道光八年（1828），80余年间曾三次修建。

金山村，还有不少传说。如陈大宝的传说，家喻户晓。清康熙年间，陈氏"齐"字辈从鄞县姜山陈家庙迁徙至后岙山脚的大溪坑边住下，有风水先生路过陈大宝家门前，占卜说："门前见水，是为明堂水，风起水动，财运将至，此处可久居。"陈氏世代耕田种地，家境贫寒。陈大宝是家中长子，为了维持家庭日常生活，他不得不到十几里以外的富绅家里当长工。有一年的八月十五中秋夜，陈大宝做完夜工，趁着皎洁的月光，回家与家人共度中秋佳节。当他赶着夜路到村里时，已是夜深人静，正要敲自家大门时，忽见大溪坑里闪烁亮光，时隐时现，清澈的溪水下面，有一只如盥盆大小的石捣臼。这只石捣臼通透光滑，如白玉，精致无比，月光映在石臼上，一阵夜风掠过，和着灵动的溪水，熠熠发光。陈大宝像拾得宝贝般，把它捧到家里。他的妻子见大宝神秘兮兮地捧着一只村里随处可见的石捣臼回家，满腹牢骚，本以为丈夫在中秋之夜定是拿了值钱的东西给她，原来是一只破石捣臼，十分失望。陈大宝却不以为然，千叮万嘱，让妻子收好此物，而自己在第二天天还没亮又匆匆出门了。

大宝的妻子根本没有把它当一回事，鸡棚里正好少一只喂食的盆子，就把石捣臼扔在鸡棚，草草地盛满糠之后，没有再管它。隔了几天，大宝妻去喂食时，发现石捣臼内糠还是满满的，比先前还要多，糠都溢到地上了。这下，她愣住了，再看看自家的鸡，只只肉墩墩。莫非这石捣臼真是宝物？她赶紧托人带信把丈夫叫回家。晚上，夫妻俩把所有积攒的铜钱都放入石捣臼，果然，越积越多，直至积成一座小山。

偏僻的后岙庄户人家竟能富甲一方，着实让乡邻不可思议，羡慕不已。在他们印象中，种田人发不了大财，除非拾到聚宝盆或得了不义之财，因而留下了这个传说。

金山陈家台墙门

晚清民国时期，后岙还出了个秀才陈景昕，字梅昌，村民尊称为“梅昌先生”。梅昌先生自幼饱读诗书，又深谙风水、八卦等。当时，捐官之风盛行，本来他也可捐个官，可他毕竟受过儒学熏陶，想凭借自己的才识、学问考取功名，一展抱负，以光耀门楣。那年，踌躇满志的梅昌先生进京赶考，终究事与愿违。

“秀才不出门，知晓天下事”。梅昌先生关心政事，闲暇之余常和村民谈及国家大事，热心为村民代写文书、状纸、对联、碑文等，又义务在村里的私塾教书，得到村民的尊敬。但也有少数村民戏称其为“书大无”。他一生便以读书、育人为乐，但却不迂腐，不保守，敢于接受新思想。在他的积极倡议下，募捐各方善款，筹划创办新式小学堂，聘请老师讲课，倡导新学，由于一些顽固势力的阻挠，没有成功。在当时如此封闭的冷岙里，像梅昌先生这样的，实是难能可贵。梅昌先生一生鄙视趋炎附势之徒，因憎恶当地有势力的乡绅品行不端，就写诗予以嘲讽，终因得罪了权贵，使自己的生活日陷窘迫。

梅昌先生，一位奇人，一位先贤，只因生逢乱世，后半生虽穷困潦倒，但他内心散发的睿智、儒雅、脱俗气质，却也是一种地域文化的遗存。

勤劳致富，开拓创新

凤凰涅槃，华丽绽放。半个多世纪前，地处偏僻山岙的后岙人，是“种田三眼碶，砍柴东岙底，日里多吃半斤米，夜里少盖半夜被”，每天是“晨披霜露去，暮踏夕晖归”。赶着黄牛，背着饭桶，耕耘劳作，勤劳的后岙人有了一个特殊的称呼——“后岙饭桶”。改革开放以后，金山人率先走出海岛，凭借精湛手艺，勇立市场潮头。20 世纪 90 年代初，就成为浙江省首批“百家小康示范村”，2006 年被评为浙江省兴林富民示范村。近十多年来，金山村集体经济不断壮大，村民收入不断增加。2015 年集体收入 460 万元，村民人均收入达 2.4 万元。如今的金山村已成为舟山群岛新区生活富裕、环境优美、社会和谐的新农村典范。

祖先的一次坚决回归，让后岙人数百年在此默默耕耘守望。历史的沉淀，文化的传承，铸就了金山独特的发展灵魂。浙江省历史文化村落保护利用民俗风情村金山村，让人神往。

2016 年 11 月 20 日

鸭蛋岭村：那条九曲十八弯的山岭

定海城东街道西北部，有一鸭蛋岭村，因处鸭蛋岭墩西侧而名，其东与白泉镇以岭为界。原有 3 个自然村，70 多户人家，1978 年建红卫水库，部分村民迁移，如今原村落面貌已基本无存。鸭蛋岭村在舟山解放初，为白泉乡一村，1958 年属洋岙乡，叫作发展大队，1981 年改为鸭蛋岭大队，1984 年复为建制村。

我对鸭蛋岭村的最早认识，是 40 多年前读小学的时候。那时，每当清明节前后，学校组织到定海烈士陵园扫墓，就从鸭蛋岭步行至烈士陵园，鸭蛋岭村是翻越鸭蛋岭后到烈士陵园路途上所经过的第一个村庄。

红卫水库

后来 1979 年至 1981 年，我在师专读书期间，每逢周五下午回家，经常步行穿越鸭蛋岭。鸭蛋岭是我年轻时候一个特别的记忆。

鸭蛋岭，东北—西南走向，绵延几千里，一头迎着山水白泉，另一头接着千年古城。站在岭巅之上，向东北是青山绿水簇拥的美丽小城镇白泉，往东南是古今文明交织的文化名城定海。这就是鸭蛋岭的特别之处。

若是前行鸭蛋岭，你可以驾车，可以徒步，但我建议你还是徒步。因为它说是岭，其实早已有一条盘山公路，不像其他山岭那样荆棘丛生，故而一路行来，你不会觉得太累。然一路的山山水水，沟沟湾湾，一个山头转个弯又是一个山头，九曲十八弯，山重水复，山地村舍，会让你特别轻松自在。

若是早春时节，满山翠嫩的叶芽，偶尔会冒出点点早发的映山红，令人惊喜；阵阵清风自山峡而来，伴着溪水轻灵拂面。炎热盛夏，一路知了声声陪伴。若是雨天过后，山腰悬岩白瀑飞流，谷中山溪潺潺，你可掬一把来自山涧的水珠亲吻一下，让那清澈透凉洗去多日的世尘。

到了秋高气爽的时候，映入眼帘的是满山绿黄相间的树叶，成熟的各色野果子，路旁山地有的是番薯、玉米。如果在傍晚，远处则是朵朵晚霞，那简直就是一幅天然的多彩油画。严寒冬日，碰上难得的下雪天，你可约上三五好友，欣赏雪压枝头白絮飞，玉树银枝惹人醉之美景。

鸭蛋岭吸引你的远不止这些。如果从古城信步而来，穿过东湾村，到达红卫水库，这短短一段路，不说路两旁绿油油的庄稼地，光是地名，你就觉得很有嚼头。牌楼跟、头关门、二关门、坑门口等等，不是楼就是门，难道以前进个城就这么多“关口”？据记载，以前通往城里，这里确实有两座桥，所以就有头关门、二关门之称。而以前鸭蛋岭村南北两边山峰对峙，山口石岩形如门槛，故名坑门口。这些老旧的地名，如今看来，真有点像陈年老酒。

当然这已是陈年老皇历了，而今只是地名而已，你不必放在心上，只管信步而来。登上岭顶，旁有一地藏殿，供着一尊地藏菩萨，原来是个茶亭，是山里人专门为过路人所造的，人们登上山来可稍作休息，或避风挡雨。在岭顶，面向东南，幢幢高楼鳞次栉比，还能望见南道头停泊的船舶，至于老城的模样只能在脑海中自由想象了。当然若置身老城之中，还是可见旧时面目。转身另一头则完全不一样。往白泉方向，下岭来，一路上原有不少小村小岙，上张家、大岭下、小岭下、李家、章松园、书房园……很有人间烟火之感，回家的味道就比岭那头浓。到了虞家已是岭下，走过去一段路就是千年古镇十字路老街，我的老家就在老街中间。

说了鸭蛋岭这么多，你也许会问，为啥取名“鸭蛋岭”？鸭蛋岭，旧名叠石岭，清康熙《定海县志》、光绪《定海厅志》均有记载，据《舟山市定海区地名志》记载，以岭侧“乱石如叠”得名。据传，后有县令督民以石叠岭，于是改为“押叠岭”，后来讹称为“鸭蛋岭”。

这就是鸭蛋岭。平日城里待久了，办公室坐腻了，不妨来鸭蛋岭走一趟。

2017年7月8日

山下王文昌阁与老宗祠寻故

“百壶清酒一腔羊，婚嫁如仙不出乡。大柯梅外迎新妇，小柯梅里贺新郎。”这是200多年前清乾隆年间进士陈庆槐对定海乡村民俗风情的生动描绘。诗中“大柯梅”“小柯梅”是定海白泉境内东北方向的两个小山村，两村仅隔一座山岭，王姓村民居多。其中大柯梅王姓，人称“山下王”，虽然现在只有百来户人家，然历史上在白泉境内是一大显族，以孝友睦邻、耕读传家著称。

名彻一方的文昌阁

文昌阁是民间供奉文昌帝君的一种建筑，民间惯称文昌帝君为文昌星、文昌神。历史上，“司文武爵禄科举之本”的文昌星尤为文人学子顶礼膜拜，民间也常建文昌阁作为读书教学之场所。定海向来崇学重教，文风醇厚，宋咸淳间（1265~1274），在昌国旧学之侧，建有文昌宫。位于定海东门城墙河边的文昌阁、文笔塔、学宫和砚池等，曾是定海老城的文化标志，一直以来为人们所津津乐道。而乡村鲜有文昌阁这样的建置，若开办学塾，一般租借寺庙、祠堂、民宅之地，称“门馆”，俗称小书房。白泉大柯梅山下王文昌阁，是定海十分罕见的乡村学馆。

大柯梅山下王，“自奉迁滃，向聚处于柯梅山下”。清顺治十三年（1656），实行海禁，居民尽迁内地。清康熙二十三年（1684）展复后，大柯梅山下王始祖天芬公“挈眷来定”。其后，诸堂弟亦相继回归柯梅山下定居。山下王族人克勤克俭，耕读传家。到了清乾隆五十九年（1794），百余年间，已繁衍七代，并首次修纂宗谱，且建了面积100平方米的学馆文昌阁。自此以后，族里子弟求读问学就在家门口，不必远涉他乡。山下王文昌阁学馆的建立，不仅满足了自家族人求学需求，附近小柯梅、塘夹岙、浪西等山村学童均在此就学，这样的状态一直延续到民国期间。山下王第14代“大”字辈王伟平老师还清楚地记得文昌阁的样子。60多年前，他还是一个孩童，经常到王氏祖堂旁的文昌阁去玩耍。文昌阁是二层六角形砖木结构，六脊瓦顶，檐口向外飞翘。楼下为教师书房，中有厅堂，供孔老夫子塑像；楼上通间为教室，光照通亮。阁外四周田野村貌一览无遗，为大柯梅一景。王老师告诉我，他的祖父、父亲那几代人都在文昌阁听先生教诲，获取学识，教书先生是有社会名望之硕师，也有德高望重的本村秀才，1936年负责宗谱修编的王嗣华就在文昌阁当过学馆先生。文昌阁对山下王子弟成才成人起到了重要作用。据《柯梅山下王氏宗谱》记载，清康熙中期至咸丰年间的一百五六十年里，王氏后裔中出了贡生、庠生等有35人。乾隆至嘉庆间，王廷魁一家祖孙三代竟有十人同得功名。

大柯梅山下王这一座历史上颇有影响的文昌阁，在1958年“大跃进”时被拆掉，木料用于造炼焦厂房了。40年前，我曾来到山下王村，站在文昌阁遗址上，环顾四周，小村依山而卧，松风谡谡，村右一涧流水淙淙，蜿蜒南去，景色十分幽雅。几百年来，而琅琅书声一直在这山谷间回荡，怎不令人惊讶。

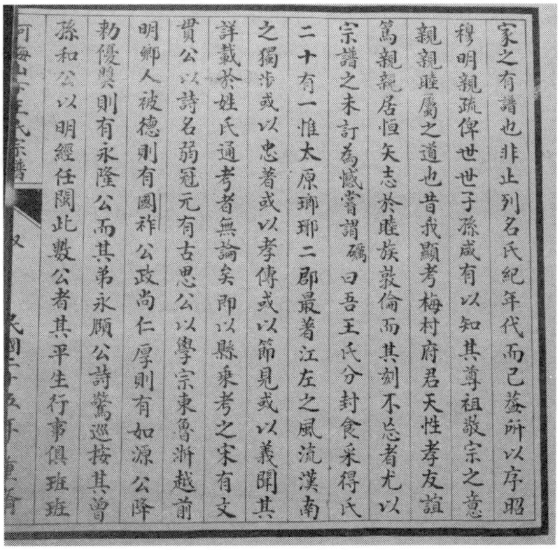
家之有譜也非止列名氏紀年代而已蓋所以序昭穆明親疏俾世世子孫咸有以知其尊祖敬宗之意親親睦屬之道也昔我顯考梅村府君天性孝友誼篤親親居恒矢志於睦族敦倫而其刻不忘者尤以宗譜之未訂爲憾嘗謂礪曰吾王氏分封食采得氏二十有一惟太原瑯琊二郡最著江左之風流漢南之獨步或以忠著或以孝傳或以節見或以義明其詳載於姓氏通考者無論矣即以縣乘考之宋有文貫公以詩名弱冠元有古思公以學宗東魯淅越前明鄉人被德則有國祚公政尚仁厚則有如源公降勅優獎則有永隆公而其弟永願公詩驚巡按其曾孫和公以明經任閩此數公者其平生行事俱班班

柯梅山下王氏宗譜

《柯梅山下王氏宗谱》

神奇的王氏宗祠

宗祠是古时同族的人共同祭祀先祖的场所。定海传统乡村多为聚族而居，建宗祠是宗族之大事。根据族里财力情况，宗祠规模大小不一。白泉大柯梅山下王老宗祠，建筑规模较大，还有着非常奇妙的传说故事。

王伟平老师告诉我，山下王宗祠以前共有三进，地势一进比一进高，每进都有石条铺设的台阶。每进有正堂一间，前有天井。第一进是穿堂；中间一进用来守灵，上面设置了安放祖宗灵位的神龛；第三进是总祖堂，后靠大冲头山岗下坡地，地势比前面二进高，主要用以举办婚庆、祭祀，虽然也是一个开间，但特别宽大。朝南后墙上挂着四幅祖先像，穿戴清朝官服的祖先像，十分威严肃穆。每当冬至日、过年时，有不少族里人会到祠堂里来祭拜祖先。总祖堂前面还特别设置了一道小墙门。王氏宗祠两边是王氏人家房屋。从建筑整体上看，这是一座气势比较宏大的院落。

王氏宗祠是白泉区域内规模比较大的一个祠堂，还有一段神奇的传说。原来宗祠最前面的大墙门是在正中位置，后来移至朝南左侧。为什么要改动大墙门位置呢？据说王氏宗祠后面所靠的那座大冲头山，山形像倒挂的狮子，狮子口朝王氏宗祠，每60年要喷一次火，王氏宗祠就被烧毁。虽然如此，山下王却是越烧越旺，祠堂也一次比一次造得好。后来山下王族里人听风水先生说，祠堂大墙门不能直对祖堂，就移了位置。王老师说，他们小时候看到的祠堂，屋檐下和天井里铺的石板，不少都有被大火烧过后爆裂开的痕迹。民国初期，与大柯梅一岭之隔的小柯梅村民，到大冲头山岗那面的干礅去，要经过山下王村口。为了方便，有一天，小柯梅人偷偷在王氏宗祠后面大冲头山岗那个倒挂的狮子山形处挖了一条狭窄的山路取道，开挖的山路正好是狮子头颈处，狮子山形就被破坏了，从此也不再喷火。40多年了，王氏老宗祠依旧。后来宗祠周边的村民房屋不少拆旧造新，老宗祠也进行了修缮，至今留下的老物件有以前被火烧过的老石板和民国时期移造的大墙门，这些都给人以无限的遐想。

修纂五次的王氏宗谱

明清时期，大柯梅山下王几次被迫迁徙，流离失所，以至于始祖出自何代，支派来自何方，未能得以确证，三世祖一贯公“曾至奉邑考之，均未得其实”。虽然如此，山下王对于修纂宗谱这一固本深源之道，一直是孜孜于心，300 余年间，对王氏宗谱不断给以修正完善。至今保存下来的《柯梅山下王氏宗谱》，共八册，为后代留下了一份完整的家族史料。

《柯梅山下王氏宗谱》，清乾隆五十九年（1794）古滃陈汝翼始修。咸丰十一年（1861），第八代炳贤公遵照宗房汝亨公之意，再次修辑宗谱。光绪十六年（1890），高振镳第三次续修。到了民国二年（1913），第十代王友钰等又作了续修。民国二十五年（1936），第十一代王嗣华继承父志，用了两年时间，对宗谱进行了第五次重修。王嗣华在谱序中这样写道：“窃念我族宗谱自民国壬子年吾父增修后，迄今已逾二十余载未加修葺，诚恐世代渐远而宗族益众，众则易疏，远则易忘，则一族之远近亲疏混淆莫辩，甚至秦肥越瘠，渺不相连，……是以驽钝之材膺重大之任，始事于民国乙亥秋至丙子冬月，勉为续修告成。”经过五次修纂的《柯梅山下王氏宗谱》，为山下王历史演变轨迹、子孙繁衍等提供了比较翔实的资料，是目前定海发现的宗谱中一本保存比较完好的谱牒。

山下王这本宗谱也曾遭遇劫难，所幸大柯梅山下王分支洞岙王家还保存着一套民国二十五年版的《柯梅山下王氏宗谱》。王伟平对我说，民国二十五年版的宗谱由他祖父保管，“文革”时期被红卫兵小将搜去了，结果被烧掉了，让山下王子孙心痛的还有四张祖先像也一起被烧掉了。到了 1994 年《白泉镇志》修编时，作为编纂人员之一的王伟平想，山下王宗谱是一份难得的镇志史料，虽然自家那本已被烧毁，但是否可从大柯梅山下王搬迁出去的其他分支中寻找一下线索呢？就想到了经常在一起开会的原定海临城成人学校校长王嗣庆，结果真的如愿以偿。说起这事，还有一段故事。那时王伟平是白泉镇成人学校校长，有一次定海区成人学校负责人开会，他问王嗣庆名字中的“嗣”字是否是排行字辈。王嗣庆说是的，并告诉王伟平，他们洞岙王氏祖先是从白泉大柯梅搬来的，老宗谱还在，两人原来还是同宗。王伟平就通过王嗣庆，来到洞岙王家老族长家里，族长拿出来八大本王氏宗谱。于是，王伟平从白泉一家复印店租了一台复印机，在洞岙王家老族长家里，整整复印了三天。复印回来的《柯梅山下王氏宗谱》，一直由王伟平老师精心保管着。

尊祖敬宗，敦亲睦族，耕读为本，诗礼传家，这是我看了《柯梅山下王氏宗谱》和听了王伟平老师介绍山下王故事后的一个直接印象。我想这也是白泉大柯梅山下王能人志士辈出的重要因素吧。

2020年3月5日

柯梅岙：一段悲壮的“皇天”故事

出定海城东北行 15 千米，就是白泉镇柯梅村。再往前走，不远便是靠海边的塘夹岙村。这几年，每当盛夏时节，不少市民结伴而行，来到偏僻的塘夹岙，目的就是欣赏塘夹岙 200 亩的荷花塘，欣赏那一片“接天莲叶无穷碧，映日荷花别样红”的美好景色。塘夹岙有让人赞美不已的荷花塘，而与塘夹岙相邻的柯梅岙，历史上曾发生过一段悲壮的“皇天”故事，让朝野上下为之肃然起敬。

明嘉靖中期之后，由于承平日久，海防废弛，倭寇十分猖獗，东南沿海几无宁土，广大民众惨遭蹂躏。明嘉靖三十一年（1552）二月，以汪直为首的一群海盗，勾结倭寇，在镇海关遭到明朝守军打击后，退居地势险要的金塘沥港。次年三月，浙闽提督王忬采用两面夹攻战术，担任正面进攻的参将俞大猷，精通兵法，运用火烧倭寇营寨战法，打得倭寇措手不及。汪直领部分精锐潜逃外洋。此后几年，汪直等又不断侵犯舟山及沿海各地。浙江总制胡宗宪等率将士，与倭寇打了战斗几十次。嘉靖三十五年（1556）八月，在金塘活捉倭寇首领辛五郎，第二年又诱擒汪直。嘉靖三十七年（1558）初，汪直余党毛海丰等盘踞岑港，扬言要为汪直报仇。抗倭名将戚继光、俞大猷等将士几次在岑港与倭寇血战。倭寇惨败，残余由海上退至白泉柯梅岭。

柯梅岭北靠林夹岙大山岗，山岭逶迤，地形复杂，向东越过塘夹岙，不远就是入海口，易守易退。清康熙《定海县志》记载：“柯梅山，县东北三十里，有二：一曰大柯梅，一曰小柯梅，近海而险。明，倭千余曾结巢于此。”在白泉柯梅岭，倭寇遭到了当地村民顽强抵抗。

嘉靖三十七年九月，倭寇几次抢掠柯梅境地。为了不遭受倭寇蹂躏，四乡民众自发组织抵抗，柯梅皇天岭之战最为惨烈。在皇天岭，手无寸铁的村民们面对奸诈凶残的倭寇，高呼“皇天”，同进同退，用石块、檑木抗击，倭寇伤亡众多。倭寇聚集众多兵力多路冲击，村民用自己的血肉之躯，在岭墩跟倭寇进行殊死搏斗，给侵略者以沉重的打击。但寡不敌众，村民死者无数，唯有少数突出重围，退往白泉十字路。据民国《定海县志》载：“明代，倭寇由海口攻入，村民出而抵御，血战肉搏，齐呼皇天，捐躯死难者，不计其数。”后来倭寇逃至俞山外洋，又遭明参将张四维伏兵阻击，大部分被歼灭。战后，为纪念此次抗倭战斗，将战斗所在地大柯梅与小柯梅交界处小岭，命名为“皇天岭”。

明朝的舟山各岛屿都流传着一些发生在将士、老百姓身上的抗倭故事。明代名将俞大猷《咏海舟睡卒》诗中写道：“日月双悬照九天，金塘山迥亦燕然。横戈息力潮头梦，锐气明朝破虏间。”真实地反映了从将士到普通老百姓那勇武豪迈的精神。

在白泉柯梅岭的驱击倭寇战斗中，有20余个村民被虐杀，张栋与其妻李氏是受难者之一。倭寇杀死张栋后，妻不甘受辱，用嘴死死咬住倭寇的耳朵。倭寇乱刀挥舞劈向李氏，李氏叫骂不绝，不屈不挠，最终惨遭杀害。明天启《舟山志》曾予以详细记载：“嘉靖间，倭夷登据柯梅，夫妻被执，贼杀栋，李氏哭骂，贼以乱刀磔之。”

柯梅皇天岭抗击倭寇之惨烈，惊天地，泣鬼神。在这场抗击之后，据说每逢阴天之夜，常有人听到战地岭内隐约传来杀喊声和哭泣声，惊得当地居民人心惶惶，白天也不敢有人独自过岭。乡绅只得将情况上报朝廷，朝廷下旨在皇天岭竖平倭建功碑一块，题名“忠勇之碑”，以表彰当地村民英勇抗倭，慰藉亡灵。说也有点奇怪，自此以后，这里恢复平静，路人再也不觉得害怕。此碑曾在清光绪三十年（1904）被当地村民掘地时发现，当时碑文大多已不可辨认，唯“忠勇之碑”四字以及旁边刻的“浙江巡抚兼兵部侍郎胡”数字尚可辨析。当年碑藏义火祠，可惜现已遗失。

沧桑变迁，当年的皇天岭遗迹已经难觅，但柯梅岙村民奋起抗击外敌的精神气节，永远记在人们心里，不会消亡。

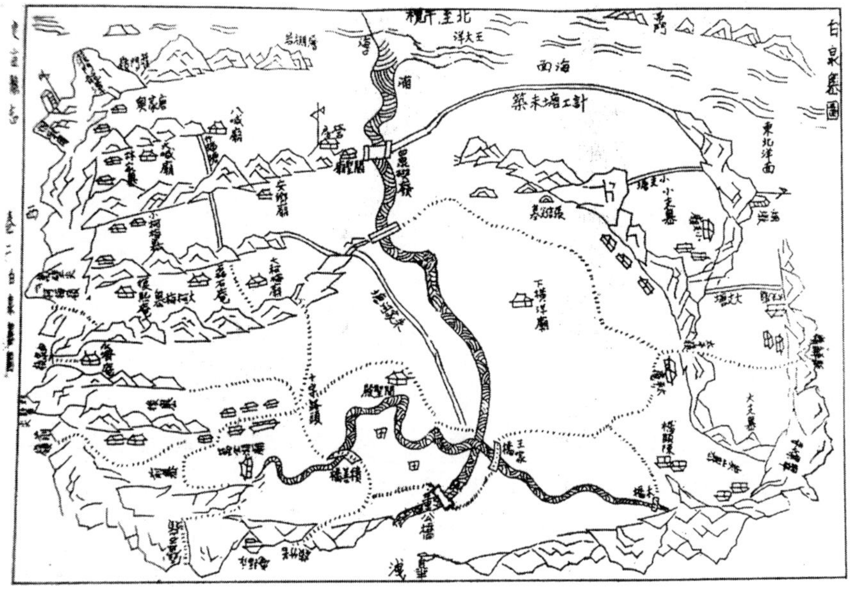

白泉岙图

2017年6月9日

探寻“发脉祖”东皋岭与千年古驿道

东皋岭，皋泄与定海城北东湾相隔的一座山岭，山中有一古道，连接着山的南北两地，是以前定海东向片乡民前往县城的主要通道。清康熙《定海县志》称东皋岭为皋泄岙的“发脉祖”。查阅定海历代方志，唯东皋岭有此之称，我顿生敬仰，这东皋岭是非再登一次不可了。

2020 年 10 月 17 日下午，我们从皋泄庙后庄开始步行，想知道有“发脉祖”之称的东皋岭，究竟有什么特别之处，同时也探寻一下东皋岭南面庙后庄至东皋岭这一古驿道修建的年代以及相关事情。

“发脉祖”东皋岭

何为“发脉祖”？简言之，就是指一个地方人文、历史发端的源头。古人重风水堪舆，村寨选址、营建构造，皆觅龙察砂，辨土观水。根据龙脉聚结之处与祖山的远近，依次分为太祖山、太宗山、少祖山、少宗山、父母山等。太祖山则为一方发脉之祖，清《山法全书》这样认为：“太祖者，最高之山，为一方发脉之祖，群龙之所从者是也。大者为一郡之主，或数邑之祖，两旁必有大水夹之。”例如著名保国寺，其所在古灵山，就其形势而推之为慈溪祖山。《保国寺志》“形胜”条曰：古灵山，“推其发脉之祖，乃从四明大兰而下，至陆家埠过江百余里凸而为石柱山，为慈邑之祖山”。

清康熙《定海县志・皋泄岙图说》载：“自叠石而来，屹起东皋岭，为此地发脉。西折而黄虎岗，又折而万壁山、苦竹岭，中有皋泄焉。此岙之所由名也。”东皋岭为皋泄岙“发脉祖”，有何特别之形势?

一路上问了当地很多老人，对于东皋岭“发脉祖”这一说，他们都没听说过，也不曾听上代人讲起过东皋岭的风水传说。然还是有些个“蛛丝马迹”，让我对东皋岭有了一些新的认识，也许能从中窥见其中一些端倪。

东皋岭所在山脉呈东北—西南走向，横亘皋泄与城北东湾之间，绵延数里。其东北方向和长岗山相接，西南过去是黄虎岗、万壁山。从皋泄岙看整个山脉就像一只展翅的凤凰，民间有凤凰山之称。从东皋岭嶝下来后，我们在朱家，特地去拜访了朱明球老人。今年83岁的朱明球告诉我们，以前有这样传说：有一个上知天文下知地理的沈国公到此，遥见皋泄岙北面的山脉连绵不断，如此峻峭，犹如凤凰之形，是一个出人物之地，必须把凤凰山神脉毁掉，于是用他那把长剑在“凤凰”要害处刺了一剑，从此活灵活现的凤凰山没了仙气，断了活源。沈国公在海岛破风水之传说，在临城、沈家门等地都有流传。

东皋岭的东南方向有一叫梅花湾的，以前有“象鼻山”“狮子岩”。居住在东皋岭山下的王家，其《王氏宗谱》就有记载：东皋岭上古刹日照寺，“东南有梅花湾，湾口有大石，上坳而平，可坐可倚，俗称椅子岩，岩之左为象鼻山，右为狮子岩，其势低昂相向，殊饶胜概，堪舆家往往奇之”。宗谱中还录有清代邑人王修三的诗四首，其中《象鼻山》：“兹山缭而曲，唯象像其相。一鼻倒卷之，宛乎有可想。”《狮子岩》：“岩草拳如毛，岩口张欲吼。狡兔来山中，一顾定惊逃。”而与东皋岭西南方相接的黄虎岗，山势峻陡，虎虎生威。两山岗之间的东皋岭，则山高岗缓，前后视线远阔。站在东皋岭岭嶝上，只见王家、朱家、庄家几个自然村在狭长的山岙间依次而居，有山靠，有水依，而村口前方以前还有辽阔的水泊和田野。

东皋岭所在山脉地貌，似有一种左青龙、右白虎的环境形态，在古人眼里，就是一处觅龙察砂的理想之地。也许正因为如此，东皋岭在康熙《定海县志》里就有了“发脉祖”之谓。

千年古驿道

从庙后庄到东皋岭这段古驿道，有3000米左右，中间经过朱家、王家等自然村。为叙述方便，我们把这段古道简称为“东皋岭古驿道”。

东皋岭古驿道建于何时何代，虽然没有明确的文字记载，但从历代方志以及家谱中，可推断东皋岭古驿道的历史不会少于1000年。据史志载，唐开元二十六年（738）置翁山县时，白泉属富都乡；宋熙宁六年（1073）建昌国县，已设白泉岙。宋建隆元年（960），皋泄已有永福寺（治平元年，即1064年，赐额改万寿寺），白泉有崇圣宫。宋宝庆年间（1225~1227），县内有酒坊12所，白泉坊居第二。由此可见，至少在800年前，白泉、皋泄等地已有村岙集聚，且有商贸沟通，东皋岭古驿道就是皋泄、白泉、北蝉等东向乡村通往定海县城的主要交通要道。

也正因为有这一便捷的古驿道，明清时期虽遭海禁，但东皋岭下村岙聚落年代还是比较早。明洪武年间（1368~1398），现和平村舒氏始祖从奉化迁居至皋泄河碶头定居。成化三年（1467），皋泄老屋王氏始祖从镇海五里牌迁到东皋岭定居。庄氏先祖也是于明代在东皋岭下定居，清初被遣，展复后又迁入皋泄，其居白鹤庙后，后称庙后庄。

东皋岭古道

60年前，这一古驿道仍然是人来人往。被采访的几位八九十岁的老人，对此道记忆很深。94岁的朱再扬老人告诉我们，20世纪50年代，他们生产队到定海去交公粮，挑着200多斤的稻谷，就是从东皋岭古驿道上去，到定海祖印寺的。在东皋岭隧道建成的2001年之前，居住在东皋岭下的朱家、王家、袁家等村民，到城里购物，或者把自家地里的蔬菜水果之类农副产品出售到定海，有不少人还是走这条古驿道，翻山越岭到定海城的。

在近百年的岁月里，东皋岭古驿道经历了几次改造，百年以前的样子已无人知晓。我想可能是泥土路，或者泥土路与石弹路错杂吧。70 年前，从白鹤庙到东皋岭岭嶝，一路是石弹路。今年 88 岁的庄谦文老人告诉我们，石弹路宽约 1.5 米，带两边约有 2 米，有的路段边还有桃子竹笆。东皋岭山脚下原有三株大枫树，登山前可在大枫树下休息，东皋岭岭嶝有二三间类似平房的凉亭，给路人遮阳避雨。大概 1947 年前后，国民党修马路时，把石弹路挖掉了。舟山解放后，国家对这条道路进行了加宽改造。

从庙后庄到东皋岭岭嶝，原来的石弹路是何时铺设的，是谁铺设的，这也是我们此行要探访的一个内容。在朱明球老人家里，我们得知这条古驿道的石弹路，原来还是朱家人朱宝峰出资修造的。朱明球介绍，朱宝峰是皋泄岙朱氏第九代“昌”字辈世孙，和他父亲是堂兄弟，是旅沪巨商，在上海有“源大”皮厂。舟山解放前，朱宝峰曾是定海县参议会参议员，他关心社会公益事业，有善心。有一年，下暴雨，发大水，田里全是大水冲刷下来的沙石，他带头去帮助人家清理沙石。民国二十五

皋泄村居

年（1936），家乡闹饥荒，朱宝峰捐助积谷 4000 斤。1950 年舟山解放，在土改前，他就把自家 100 多亩地全部送给了政府。

朱明球还告诉我们，朱宝峰中年以后，主要住在皋泄。朱宝峰的故居还留有三间楼房，原来是三合院样式，正屋三开间，二层楼，两边的厢房也是二层楼，正屋后面还有三间平房。朱宝峰身体不是很好，有比较严重的痔疮，经常要到定海去看病，所以特意叫人做了一个像摇篮模样的躺椅，雇人把他从家里抬到定海。他见一路烂泥地，下雨天又湿又滑，难以行走，就出资在原来泥路上铺设石弹子，从朱家一直到东皋岭岭嶝，时间大概是 1942 年前后。至于庙后庄到朱家这一段石弹路，是不是朱宝峰叫人铺的，他记不清楚了。

东皋岭古驿道，如今虽已是水泥地，两边是样式各异的崭新农家别墅，东皋岭的南北面都有汽车公路，可达山顶，环境与过去大不一样，然古驿道走向基本没有多大变化。而且在东皋岭半山腰还有两段原来的石弹路，一段约有 190 步，一段约 60 步，这让我们不虚此行。当然一路上当地老人给我们讲述的这条古驿道上的故事，有不少是现有文字资料中所不曾记载的，也是我们此行的重要收获。

走在前人开辟的千年古道上，登临有着“发脉祖”之称的东皋岭，让我对皋泄又有了新的认识。

2020 年 10 月 20 日

潮面村：沧海桑田多变迁

说起白泉镇的潮面村，我久久不能忘记的是这样一句诗："昔日潮面潮见面，今日潮面潮不见。始知古往得今来，沧海桑田多变迁。"这首诗出自潮面村《张氏宗谱》，有点地名诗的味道。三年前，在表哥张完表家，我见到了这本重修于1950年的《张氏宗谱》，历史上的潮面竟然面朝海洋。我曾在宋宝庆《昌国县志》、明天启《舟山志》等志书上读到过类似的记载，说"富都湖，在县城东北八十里，旧名万金湖，周广三十里""城东北二十五里，河溪头之东，有东湖。两湖早淤积为田，存零星池塘"。这万金湖，这东湖，其实就是几千年来地理形势变化的一个印迹，虽然这样想，但心里一直没有一种实实在在的感觉。

潮面的沧海桑田

2018年11月24日下午，我再次走访潮面村，在村口巧遇表哥张完表。今年78岁的表哥又苍老了不少。表哥对我说，村口那幢将要竣工的村委办公楼，年初在挖地基时，在地下一二米处挖出了一块老船木。于是我们走过去，那块老船木已近成为木碳，黑乎乎的。我一下子觉得以前那种缥缈的感觉好像有点实沉了。

白泉三面环山，一面朝海，潮面村距离大海有五六千米。历史上，这里曾经是大片的滩涂地，潮水就在村前翻涌。现在看起来似乎有点不可想象，但这一点不仅有史料记载，还有不少实证。表哥说，以前沈坑岭（现在叫八达岭）那边也挖出过老船板，老一代人讲泥涂地一直到那边。距离潮面村三四百米远的毛竹山那里，有一座山嘴就叫乌贼山嘴。60多年前，潮面村东面的那条白泉大河，还有装着石板的河船从海边老碶头撑进来。40多年前，村里在东宫桥那边挖河道，平整土地，也挖出过老船板。

15年前，同事应赟老师曾经写过一篇《筑塘造田话白泉》的文章，就有这方面的史料挖掘。其中写到1974年春，白泉兴起“农业学大寨”运动，大修水利时曾经挖出过一艘古沉船之事。“挖新河时于崇圣宫东300米水稻田下一米深处挖出大批木板，当地农民缺乏文物知识，一哄而上挖出木头当柴烧。定海文物管理委员会办公室得知消息赶到原址考察，结果发现这些木头原来是一艘古沉船。据考证，该船长约21米，宽4.5米，有3道桅杆，沉没时间大约在宋代至明代万历年间。这说明该地（距潮面村2.5千米许）在万历年间还是汪洋一片。”沧海桑田，也许一两千年前，潮面村还是鱼虾欢腾畅游的汪洋大海，现在却是稻谷飘香的庄稼地。

敢于闯荡的张氏先辈

潮面村有张、邵、陈、王四大姓，张氏是其中人口最多的一个家族。勤劳刻苦，不屈服于命运，敢于开拓，这是潮面村张氏家族先辈们的精神。表哥告诉我，相传清康熙中期始祖志显太公从慈溪城东宅前鼎迁入潮面，开始是靠养鸭过日子，住草房，吃糠饼，生活极为艰辛。到了晚上，鸭子没地方关，就让鸭子钻在刺蓬里过夜。后来娶太婆舒氏，生活慢慢稳定下来。

张氏宗祠

400多年前，张氏始祖在金寺岗山下定居，看中的是前有田可种稻谷，后有山可伐薪木。《张氏宗谱》中有白泉柯梅人王士珣《题潮面张氏宅》一诗，对潮面自然环境赞不绝口："我观形胜如画图，虽不为邻也生羡。左连东湖右高大（山名），山水大处尤足选。苍苍分壁当其前，遥对万壁豁两扇。又欣门径拟陶潜，溪流潆洄明匹练。小水斜通成水仓（潭名），洁净澄清可涤砚。灌溉千塍无旱忧，王公堰接清河堰。其中既可足耕稼，外复麦田洋一片。春日载酒恣戏游，处处风光悦莺燕。此中便是好村居，何必更去寻芳甸。"诗中描绘了潮面周边形胜，左是清水荡漾之东湖，右为松涛阵阵之高大山，溪流潆洄，田野麦香，红绿掩映，莺歌燕舞，风光旖旎，是一处好村居。想必，张氏始祖当年来潮面安家，主要也是因为这些山水自然资源吧。

据族谱记载，太始祖有三个儿子，老大生有两个儿子，老二和老三都生有四个儿子。当第三代成家立业以后，张氏人口开始大幅度增加，于是分成十房。老二的四个儿子住在祖堂东面，称为东四房；老三的四个儿子住在祖堂西面，叫作西四房；而老大两个儿子被称为富岙派两房。

对于不了解潮面张氏家族历史的人来说，也许对老大这一房的"富岙派"称呼会有点疑惑，但一旦晓得了其中缘故，定会竖起大拇指。潮面张氏家族到了第三代，单靠太祖辈打下的基业，已经无法满足子孙们的生存发展。走出去，开辟新天地，从头做起，这就是潮面村张氏先辈们的胆略。老大两个儿子搬迁到傅家岙，就有这样的意思在里面，虽然相距不远，但离开家族庇护，开拓新天地，是需要一定勇气的。何况当时那个山岙已有傅家人，好地好水也许已经被傅家人所拥有。然张氏家族后裔并不担心，那边大山下的田野比金寺岗山下更开阔，还有绵延的山林资源，只要勤劳苦干，完全能养家糊口，也许还有更大的发展空间。族人们对生活在傅家岙的张氏后裔也非常敬佩，族谱中把这两支写成"富岙派"，没有用"傅"字，有一种祝福的含义在里头。

那一天，表哥张完表和张康表还告诉我，潮面张氏后裔走出去生活的，除了傅家岙外，皋泄的秧田岙、洋岙的小碶等地方都有。大概在100多年前，张氏第八代，有户人家生了三个儿子，为了讨生活，谋活路，就搬到小碶去了。至今族里还有不少老年人都记得这样一句老话："一个背了根高凳，一个牵了头牛，一个坐着箩筐"，说的就是这户人家离开潮面时的家境。后来这户人家的三个儿子一共生了14个孙子，创出了一片新天地，家大业大。

68岁的张康表，家在秧田岙。他们家是在民国初搬到秧田岙的。当年秧田岙人口不多，水源丰富。据说有块大秧田从来不会干枯，水会自然渗流出来，所以取名秧田岙。1966年时，秧田岙只有七户人家，30多人，从潮面搬来的张家就有两户。潮面村张氏先辈就这样不甘贫困，勇于拓展，这也是海岛各个家族生生不息的原因所在吧。

勤劳朴实的表哥

表哥张完表的一生，也许是那个年代乡村男人的一个缩影。他们从小就过着苦日子，成年后面朝黄土背朝天，当拉扯大一个个儿女直至成家立业，他们自己也老了，背驼了，耳聋了，牙掉了。这就是我们的上一辈人。

表哥告诉我，他的祖辈、父辈非常贫穷。他三岁时，大腿上生了恶疮，家里没钱请郎中看，他母亲就到村前的大莱庙去求菩萨，在大莱庙跪求了三天。有一天睡梦中，隐隐约约闻到家里有一股檀香气味，起来一看，发现表哥大腿上的恶疮头已经裂开了，脓血也流了出来。表哥说，潮面的大莱庙，有一定历史。原来写成“大来庙”，意思是凡是来到这里过生活的，不管姓什么，都是大来庙界下的子弟。后因为庙里的菩萨会治病，是草头医生，于是就在“来”字上加了个“草”字头，所以就写成“大莱庙”。那天我去潮面走访时，庙里正在做戏，戏台前来看戏的人满满一堂，据说要做九天九夜。

表哥10岁时上学读书，家里虽然穷，但父母还是让他读了整整六年书。表哥12岁那年，父亲生病过世。他15岁开始参加生产队劳动，那时候还是初级社，19岁时担任生产队队长。当年生产队10分工劳动力，每工年终收入达到九角八分，这在上世纪五六十年代的海岛农村，已经是较高的收入了。为了让社员过年宽裕一点，表哥叫石匠凿了一只石矮磨。表哥说，那石磨大概有六七十公分，冬至以后，是农闲季节，他就用小板车拉着石磨，与几个社员一起到北马峙去做年糕。表哥还清晰地记得，那一年，天气很冷，做年糕的米一浸到水里，没多少时间就结冰了。北马峙是晒盐人家，大多数人没吃过糯米粉团，见有人上门来做年糕，大家喜欢得不得了，你家一斗，我家二斗，每户人家都来做年糕。十来天工夫，就赚了四五百元，在当时那是一大笔收入啊。村里每户人家分了10来块钱，就可以欢欢喜喜过个好年了。表哥生产队长做了三年，到了第四年时，表哥无论如何不想当了，因为家里照顾不过来。表哥就去了黄沙周部队打坑道，虽然苦，全凭一锤一锤敲打出来，而且什么活都做，但收入高啊，在部队打坑道前前后后有四个年头，出工400多工，收入280元。后来在生产队当了四五年会计。

到了上世纪80年代初，土地包产到户，田里劳作都可以自己安排了，也有空余时间了。人家是搓搓麻将，表哥他却买了两头水牛，养起来，干吗呢？给农户耕田用。一年365天，没得空，养牛耕地就做了20年。表哥就是这样一个人，勤快、节俭、老实，一个典型的传统农民。

巧手的张家媳妇

巧手张家媳妇洪大姐，是我这次走访偶然遇到的。洪大姐，今年60多岁，她说自己没读过书，没文化，但在我眼里，她是一个多么有文化有品位的女性啊。

在农村，一个已60多岁的妇女，把长辈生前衣物完完整整予以保存，作为晚辈的一份纪念，这在乡村中是非常少见的。而且洪大姐又有一手灵巧的传统针线活，更是让人刮目相看。

在洪大姐家，她拿出来几样她公公婆婆那一代留下来的日常用品，虽然是普通的物件，也称不上多么稀有，但一份心意在其中。有几样东西，我第一次见到：一件是铜制的火铳，是以前农村家庭火缸畚灰用的；一件是用锡做的小小的盒子，是以前女人梳头发用的，相当于现在的发蜡盛放器皿。这两件都有百余年历史。

洪大姐的手工针线活很值得大加赞赏。30多年前，一个年轻的母亲，对儿女倾注的那份爱，在这一双双虎头鞋中就能让人感受到。洪大姐说，她让三个孩子每人都穿上自己精心做的七双鞋，这七双鞋中寄托了对孩子的一份祝福。她说，娘家就有这样一种风俗习惯，小孩能够穿上母亲做的七双鞋，就会有好运。

一双双虎头鞋，绣花的鞋面已经有点泛白，鞋底也已经有些磨损，洪大姐还像对待宝贝似的珍藏着。这样的心情，也许就是天下所有母亲所共同的。

白泉潮面村，一个普普通通的山村，其实，平凡的故事中还有很多让人回味的地方。

2018年12月3日

一千亩盐滩：北马峙人是怎样炼成的

北蝉北马峙，舟山本岛北部的一个小村，自古以晒盐为主业。70多年前，北马峙有盐滩200来亩，盐板2000余块。到了1968年，舟山解放不到20年，北马峙盐滩总面积增至近千亩。几十年间，北马峙盐田竟有如此大的增幅，小小北马峙村，让人刮目相看，这其中到底有什么奥秘？

一个靠睡盐滩度过酷暑的贫穷村

“有女不嫁北马峙”，这是当地过去的一句口头禅。北马峙何许地也？北马峙位于舟山本岛北部海洋产业集聚区核心区块。70多年前北马峙还是一个悬水小岛，四周环海，北面为黄大洋，南面是浅海滩涂，岛上陆地面积不足1平方公里。据有关史料记载，清光绪三十二年（1906），

北马峙村居

北马峙尚是悬水孤岛，民国年间铺600米石条小路通往北蝉，但涨潮时被海水淹没，不能行人。1956年，人民解放军指战员修简易军用公路至石蛤蚆山，北马峙才与本岛陆地相连。六七十年前，北马峙的衣食住行，样样艰难困苦，盐民生活苦不堪言。

盐民苦，胜黄连。清末民初，定海有一首《盐民谣》，说盐民“苦卤苦水苦扁担，苦屋苦路苦海滩。行行呒没介个苦，两行苦泪拌苦饭。”现七八十岁以上的北马峙老一代人对过去起早摸黑的苦难生活都记忆犹新。

1937年出生的杨祥兴，父亲去世得早，是孤单体弱的母亲一手把他们兄妹三人养大。杨祥兴记得，那时候，家里只有一间石头墙的平房和半间库头。冬天，刺骨的海风从墙缝往里钻，冻得人浑身打战。夏天，低矮的房间闷热难忍，夜里蚊子成群，咬起人来比露天的还凶，家家户户，男女老少夹着草席，裹着被单，在露天盐滩上度过夏夜。那时候，北马峙是十家九户住破屋，穿破袄，还常常揭不开锅。大多数人家，一年到头一顿像模像样的饭菜都没看到过，焐番薯干也吃不上，下饭的虾酱泥螺常是贼臭贼臭。这样的贫穷日子直到上世纪60年代才有所改变。

今年68岁的杨先烘，是土生土长的北马峙人。他还记得小时候家里穷，没什么好吃的，一年连大麦糊小麦糊也难吃上几顿，从泥涂上用“六六粉”药来的沙蟹，洗一洗用盐腌一下就吃了，下饭菜常年是盐炒倭豆、盐炒碗葱。“大跃进”后期的人民公社“大食堂”所供应的只有薄粥汤，凭票打来的薄粥汤没有一家能吃饱。有的小孩饿得实在不行，就蹲在饭桶边，用嘴去舔饭桶上沿口上粘着的粥。

1948年出生的周银飞，1986年至1991年曾任北马峙村委支部书记。他告诉我们，“大食堂”那会儿，因为饿得发慌，10岁的他和几个小伙伴曾做过“不光彩”的事：他们到大食堂里偷偷地去捡被掌饭瓢师傅扔掉的已用过的饭票，运气好能捡到没撕碎的整张饭票，再去盛碗薄粥汤吃。三年严重困难时期，他连葛藤粉也吃过，苦得咽不下去。

历史上的北马峙村，乌龟山下，四周全是泛黄的海水，山下只有少许田地。不少家庭是上无片瓦，下无寸土，饭吃不饱，水要到几里外的北蝉砂厅、淡水坑去挑，柴要到更远的岙底陈、弄堂岭、黄杨尖山上去砍。有的即使家里有些盐田、土地，也大多远离居住地，生活所取比其他地方艰辛。杨祥兴老人告诉我们，那时候，他家在大支有50块盐板地，11岁的他跟着母亲天没亮就出门，要绕个远路，得花一个小时才能赶到大支干活，出门还得候落潮时间。夏秋季节，正是晒盐的旺季，为了抢时间，多晒点盐，有时候没等潮水退落，就蹚着齐腰深的海水出门了，等天墨黑墨黑才回家。那个年代，北马峙人的生活环境恶劣，是定海乡村中极为罕见的。

一个靠双手苦干涅槃而生的盐业强村

为改变贫穷落后面貌，北马峙的老一辈真是含辛茹苦。1976年至1983年曾担任过北马峙大队大队长的杨先皆表示，过去晒盐人真是苦啊，北马峙老一辈很多人背脊是驼的，都是因一日到夜挑烂泥、挑海水、挑卤桶、挑盐担造成的。北马峙老一辈的勤劳苦干，几十年的辛苦付出，换来了北马峙面貌的不断变化，北马峙成为北蝉乡的富裕村。

定海制盐历史悠久，制盐工艺历经变革。近百年间，北马峙村从板晒、缸爿坦晒，到后来滩晒，生产方式不断向前推进。上世纪50年代，北马峙盐业生产为老式生产，刮泥淋卤是老法晒盐过程中最苦最累的活，全靠盐民用双肩挑出来。杨祥兴老人对我们说：那时候，天蒙蒙亮就出工了，到天暗才回家，劳动强度现在人是想象不到的。男人要拿10分工分，就得挑卤水桶担，卤水桶口子有50厘米，桶高70厘米，一担就有220斤重，单单卤水桶就有40多斤重。挑烂泥（咸泥）担只能拿8分工分，妇女最高工分是6分。从卤井（缸）挑到盐场，远的六七十米以上，近的也有二三十米，每人一天要挑五六十担。等晚上放工，男人要挑200来斤重的一担盐到草屋棚里，女人是抬着一箩盐回来。如遇到雷阵雨时，男女老少都要冲出去“抢”盐、“抢”卤水、“抢”烂泥，扛盐板的扛盐板，挑烂泥的挑烂泥。这样的辛苦活直到用薄膜晒盐才有所减轻。

上世纪60年代初期，为了增加盐田，扩大生产，改善村民生活，北马峙人自力更生，在缺乏机械工具的条件下，硬是靠着肩挑手抬，筑起了两条海塘，建起了近千亩盐滩，为彻底改变旧面貌、迎来新生活创下了一大片新天地。

从1963年下半年至1968年底，北马峙盐业生产大队党支部发动全体社员“战天斗地围海塘，大干苦干建盐滩”，短短五年时间里，先后围筑了两条海塘。一条是在小安洋面，自马峙山乌龟头向东至淡水坑馒头山，长520余米，于1963年下半年动工，1964年底初步建成，1965年初开始建造盐滩。另一条在大成洋面，从马峙山沙滩头向西偏南至碶头山，于1966年下半年动工，1967年底基本建成并投入建滩。

说起上世纪60年代这段筑海塘建盐滩的辉煌历史和大干苦干的战斗历程，60岁以上的北马峙人是历历在目，难以忘怀。今年76岁的俞宁锡告诉我们，那时候筑海塘，全靠着手工一锤一锤地开山石，一锹一锹地挖土方，大家用肩膀抬，用扁担挑。大石头，两个男人一块块抬出来。女人也不落后，四个人也把一块大石头从山下抬到塘上。山上开岩取石是技术活，也是重活。泥涂撑溜对北马峙人来说，则是头一回做。俞宁锡还记得，刚筑海塘时，村里人不会撑溜，溜板、泥弓等工具不会做，操作方式也不懂，就从六横请来3个师傅，大队组织年轻男女社员边学边干。撑溜十分辛苦，撑溜的上半身被汗水湿透，双脚深陷在烂泥里。大家都不叫苦，不喊累，起早摸黑，流血流汗，齐心协力，终于把海塘筑了起来。有了第一条小安海塘的成功经验，筑第二条大成海塘，大家信心就更足了，速度也更快了，长1000多米的大成海塘，仅用一年时间就顺利完成。

北马峙人用双手建造起来的小安海塘和大成海塘，所产生的效益十分显著，而且是多方面的。对北马峙村来说，两条海塘的建成，使北马峙与舟山本岛完全连成一片，盐滩面积增至近千亩。1968年底，北马峙拥有了870亩盐田，将历经百余年的传统盐板晒盐作业方式全部改为高产的盐滩晒盐方式，不仅大大减轻了盐民的劳动强度，使能量消耗减少到最低限度，也为提高原盐质量、增加产量创造了条件。同时，在极其艰苦的条件下，两条海塘能够成功建成，也极大地增强了村民的集体意识。大家都非常看重集体的力量，不少村民积极主动地承担责任，把村集体经济的发展与自己的命运紧密联系在一起。

北马峙两条海塘的成功建造，以及建大面积盐滩所带来的集体经济的快速发展，对北蝉、白泉两地兴建海塘、开发海涂资源起到了示范推动作用。1966 年，北蝉公社在北马峙东北的小安洋面上围垦 743 亩，建起了北蝉公社盐场。1970 年，北蝉、白泉两公社和海军舟山基地合作在北马峙乌龟山尾巴至白泉浪洗山咀海域围涂 4500 余亩，建起了海军大成盐场、白泉公社盐场及北蝉盐场大成分场。短短几年，北马峙周围出现了 3515 亩新盐田，昔日的海洋滩涂变成了舟山本岛连片面积最大的盐业生产基地。

一个靠坚强村委班子带领奋力前行的富裕村

1955 年，北马峙成立盐业合作社。60 余年来，在村党支部的带领下，北马峙村发生了翻天覆地的巨变，贫苦盐民苦尽甜来，走上了幸福之路，成为大家学习赶超的标兵。

1957 年，北马峙对传统刮泥淋卤进行技术改造，从小溜变成大溜，副社长俞庆象被浙江省人民委员会授予省级模范。1963 年，北马峙盐业总产量达 2000 余吨，单位板产 600 余斤，创历史新高，被浙江省人民委员会授予“社会主义建设先进单位”。1975 年起，在 870 亩盐田基础上，北马峙进行大规模盐田技术改造，建设标准化盐滩，广泛推行应用晒盐新技术、新工艺、新工具，逐渐把北马峙建成了“水利系统化、滩型合理化、滩地硬地化、工艺科学化、生产机械化”的新型盐场，村民经济收入成倍超出当地农民集体分配收入。20 世纪 80 年代，北马峙大队成为浙江省盐业战线的一面旗帜，获得诸多荣誉。1983 年，北马峙大队被省轻工业厅评为全省盐业先进单位。1984 年至 1986 年，连续三年获得省级盐业先进单位。1995 年，北马峙被定海区委区政府命名为“小康村”，1997 年又被命名为“社会主义新农村”。

北马峙村何以取得如此巨大的成就？靠的是什么力量？北马峙村民的心中都有一个共同的答案，那就是村党支部发挥了关键的核心作用。北马峙村民尤其忘不了一个在北马峙连任 25 年的村党支部书记，他就是周小恩书记。

周小恩，1928 年出生。1956 年，28 岁的他成为北马峙村第一任党支部书记，从此，在这一片生他养他的土地上，一干就是 25 个春秋。从 1956 年 6 月至 1981 年 10 月，周小恩一直担任北马峙盐业生产合作社、盐业生产大队党支部书记（其中 1968 年 11 月至 1972 年 4 月为北马峙大队革命领导小组组长），直到 53 岁时被调到北蝉社办企业任职为止。这 25 年，是北马峙发生翻天覆地变化的 25 年，是北马峙从贫穷走向富裕的 25 年，是北马峙从纯盐业生产走向以盐为主多种经营的 25 年。

退伍老军人俞宁锡告诉我们，周小恩当村书记前几年，北马峙村民生活很苦，他对村民非常关心，在村民生活最困难时，他总是想尽办法，解决大家的衣食住行。1957 年上半年，雨水特别多，晒盐产量很低，村里没有钱预支给村民，好多家庭一日三餐也难以保证。周书记看在眼里，急在心里，跑盐业局、跑上级单位，千方百计借钱帮乡亲们渡过难关。后来在上级单位的牵线下，他从普陀虾峙渔业村借来了几千元，暂时解决了村民生活问题。这件事，76 岁的俞宁锡说得看似很平淡，但心中却是无比激动。讲着讲着眼眶就湿润了，声音也有些颤抖，让我们听的人也感同身受。

当时，北马峙生活资源极为有限，单靠二三百亩的盐田收入，是无法让村民过上好日子的。解决生产资源不足，改革盐田传统作业方式，成为村党支部工作的一件大事情。周小恩看到村乌龟山东面、村沙滩头西面都有大片的浅海滩，如果与对面的馒头山、碶头山通过修筑海塘连起来，那就有一大批滩涂地可以改造成为盐田，村民的生活就有了保障。周小恩在村支部会议上提出了这一大胆的计划，造塘围田，是北马峙有史以来从没有干过的一件事。没有资金来源，没有机械设备，大队领导班子不少成员开始也没有信心，觉得单靠村里微薄的力量，是难以完成的。周小恩书记对此十分坚定，带领班子成员到其他县实地取经，反复做班子成员的工作，统一思想认识；向各生产小队讲解造塘围田对解决盐田生产面积问题的作用，提高村民生活水平的好处。在党员干部思想统一之后，周小恩书记在全体社员动员大会上，把造塘以后带来的好处以及困难详详细细地向村民交底，并立下誓言，鼓舞士气。1963 年下半年，一场轰轰烈烈前所未有的北马峙修筑海塘工程就揭开了大幕。

北马峙老人们回忆起过去周书记带领他们一起筑海塘建盐场的那段经历，都十分敬佩周书记的苦干精神。他们说，如果没有当年小恩书记坚定信心造海塘，进行盐滩创新生产，北马峙发展没这么快。小恩书记当年能干成别人难以完成的大事，与他处处以身作则，一心为集体有关系。在生产劳动第一线，小恩书记带头苦干，身先士卒。造海塘，他自己带头挑石头。那时围塘的石头，大部分靠社员们用两只肩一双手，翻山爬坡从千米之外的海岸边搬运过来。在干部们的带领下，社员们不惜身体，拼着命干，宁挑千斤担，不挑九百九。当年有个叫何正堂的社员，劳力出众，见重担总是争着挑。有一担石头特别重，他连试三次才挑起，硬撑着一步一步把石头挑到工地，结果落下了病根。后来有人问他为啥这么卖力，他说，人家书记都在拼命干，我们社员咋好不肯苦做？一些渔业社员也积极响应参与围塘，他们主动承担用小船到乌龟山尾巴装运石头的任务。有一次翻了船，有三个人落水，那时是农历十二月，天气很冷，大家爬上岸，回家换上破棉袄，又接着干。围塘中妇女们也不示弱，能挑的挑，能抬的抬，撑起了半边天。妇女主任何姣娣就是在带头抬石头中折伤了腰骨，留下的后遗症折磨了她几十年，但她从无怨言。

74 岁的杨有宣告诉我们，北马峙盐滩造起来后，通过生产技术革新，盐产量大幅度提高，劳动强度反而比原来减轻了。后来村里有了充足的劳动力，如何解决劳动力出路成了问题。周书记就想造船发展渔业生产。北马峙后来以盐为主、多种经营生产方式就是从周书记开始的。杨有宣回忆，1969 年他当兵复员回来后，就被周书记当作助手。1971 年他担任了北马峙大队支部委员，负责过渔业生产。1969 年时，虽然有“文革”冲击，村里搞生产、谋发展不动摇，北马峙渔业生产就是从那时候开始有了新发展。村里先买来一艘木帆船，称为“1 号船”，后来从钓门港拖来两艘原来准备填港的废木帆船，进行了拆除改造，投入渔业生产。以后随着渔业生产发展需求，又从白沙租来一艘渔船。周书记一年之中有两个月时间下船参加捎鱼。

那时候，北马峙已经开始搞生产责任制。北马峙与其他农业大队不同，全大队的集体经济收入、支出和社员分红都由大队统一核算，党支部书记是大队主要当家人，工作上的压力特别大。每年年初，周书记把大队下面的盐业、渔业、山林、副业四个方面各个生产单位的生产计划指标、劳动力安排以及分配制度、奖罚政策等提前制订好。春节一过，就召集盐滩滩长以上干部，在碶头山召开生产工作会议，把预定的生产计划指标、劳动力安排、分配制度和相关政策让大家讨论决定，明确生产责任。每到生产旺季，他总是深入盐滩和干部社员一起冒着酷暑抓晒盐的产量、质量，抗击台风雷雨等自然灾害的袭击。到了年底，他就要组织人员核实各滩各单位完成的生产实绩，按年初制订的分配方案兑现奖罚，决定提留集体积累，确定社员的年终分红。一年到头，对周书记来说，确实是忙无暇日。

曾于1984年至1986年担任北马峙村党支部书记的俞祥云，现已84岁高龄。在与他的交谈中，我们了解到，从生产合作社到人民公社，北马峙有6人当过大队长（社长），其中周瑞庆、杨先尧、俞庆象、俞祥云、杨先皆5人先后与小恩书记搭档一起带领社员创业，共同为北马峙发展立下汗马功劳。俞祥云说，小恩书记对村里发展从不满足。在他领导下，大队基本上每年都有新任务、新目标、新变化。那时当大队干部一年到头有得忙，白天抓生产，夜里要开会，但大家都毫无怨言，这同小恩书记的影响是分不开的。1975年搞标准盐滩建设，小滩翻大滩，要把千辛万苦建好才几年的盐滩掏掉重建。社员们一时有抵触，工作难度很大。小恩书记对大家说，我们眼光要放远，只要有利生产，就要坚持到底不动摇。标准滩改成后，果然产量、质量明显提高，生产成本大大降低，从此北马峙盐业跨入了先进行列。大家都觉得小恩书记当家靠得住，一直以来对他都很敬重。

现任星马社区主任、北马峙股份经济合作社董事长周伟伦说：“周小恩老书记1995年去世，享年68岁，他的一生是很有价值的。为了让北马峙有发展后劲，群众及早过上幸福生活，他想了不少办法，作了不少努力。在当时的历史条件下，这样敢想敢做的人不多，作为一个村书记，他确实很有胆魄、很有战略发展眼光。他为家乡所作出的贡献，不仅改变了北马峙贫穷落后的面貌，对后来北马峙人敢闯敢干、勇立潮头精神的形成也有着重要的影响。”

2004 年，由于舟山海洋产业集聚区建设的需要，北马峙所有盐场被征用，北马峙的盐业生产也成为历史。如今，北马峙已是海洋经济开发的热土，旧时村前的海涂盐场已高楼大厦矗立、厂房林立。在北马峙行走，已看不到以前盐场处处可见的闪着耀眼白光的小盐堆，空气里也丝毫没有盐场特有的卤水味，那曾经广袤无际的盐场在北马峙已不见踪迹。但北马峙人并没有忘记他们的老一辈在这片土地所洒下的汗水，没有忘记他们的老一辈在这片土地上大干苦干的精神。

在北马峙村，如今还能见到当年老一辈造海塘建盐滩时的石闸门。我想，这石闸门不仅是北马峙老一辈艰苦奋斗的历史见证，更是北马峙人的精神“丰碑”，让我们一起记住北马峙这一段辉煌的历史。

2019 年 1 月 16 日

北蝉黄沙村：舟山诸葛亮后裔最集中的一个村落

北蝉黄沙村是定海比较有名的一个渔业村。据《北蝉乡志》（2014年）介绍，1953年，黄沙成立渔业生产互助组，分流网组和大捕组；1954年春，成立优胜合作社；1954年，黄沙与钓门、钓山合并建立了定海县第一个新生渔业初级社；1955年，黄沙、钓门、钓山、海峰合并成立新展渔业高级社；1981年，从新展渔业大队析出，成立黄沙渔业队。截至2010年，全村渔民总计228户、571人。

2018年8月28日，我与老叶一起走了一趟黄沙村。在北蝉下车后，沿着那条东山下的老公路徒步而行。大概20分钟后，我们到达了黄沙岭顶，整个黄沙村展现在眼前。沿山脚而建的黄沙村，村落狭长，有一村道穿村而过，各幢民居前后相挨，大部分民居都是上世纪八九十年代建造的。如同其他偏远山村一样，黄沙村现在也是以老年人居住为多，原先的海滩现在早已围塘成田，见不到海浪拍岸的渔岛景象。据村里老人讲，村里现在还有20余条渔船，在定海西码头有专门的码头。昔日的渔村已闻不着一点渔腥味儿，如果外地人来此，也许还会以为是一个农业村呢。

黄沙诸葛氏，武侯诸葛亮后裔

黄沙村村民中以诸葛姓氏最多，其他姓氏有唐氏、童氏、何氏、张氏等，黄沙诸葛氏是舟山诸葛姓氏人口最集中的一个村落。在黄沙村，我们走访了村中的几位老渔民，其中有78岁的诸葛永昌和唐世龙两位老渔民。

在与他们的交谈中，我们听到了不少黄沙村先前的一些故事。

在诸葛永昌家里，老人告诉我们，他们是诸葛亮的后裔，先祖从宁波韩岭市搬到这里，已经有12代了。他们原来有家谱，他小时候就见过，大概是在“文革”时被当作“四旧”烧毁了，他现在还有一份从老家谱抄录下来的诸葛字辈排行。我们接过一看，原来是一篇《致远堂家谱》序文，文末写有“同治七年岁次戊辰冬至后五日，愚东皋朱百川序并书”。这篇序文信息量非常丰富，极有考证价值，序文特别指出了黄沙诸葛氏乃是武侯诸葛亮之后裔，并把诸葛亮的《诫子书》作为黄沙村诸葛氏的家训，予以遵循。“君子之行，静以修身，俭以养德。非澹泊无以明志，非宁静无以致远。”诸葛氏家训，在这里世代相传，黄沙诸葛氏后裔铭记在心，他们教育子孙要勤学修身，这对黄沙村的民风习俗也有非常大的影响。我记得，30多年前在白泉高中当老师时，每一届的班里都有来自黄沙村的学子，有姓诸葛的，也有唐姓、何姓、姚姓等学生，他们大多安分守己，对老师有礼貌，学习勤奋，不少人走上社会后，成为自己所从事行业中的佼佼者。

《致远堂家谱》序文还记载了黄沙村诸葛氏从何地何时而来等事，以及诸葛氏之排行“西江月”。在此摘录部分文字：

今我定海北蝉黄沙诸葛家祖庙总神主以武侯奉祀，而知其本支必出自武侯也，明矣。乃访其来由，而仁太翁茂诸君皆述来由，云先世祖来自严州，居于宁波韩岭市，窑山有祖基，一方香火堂，一座祖妣墓，一支而茅山，又有敬泉公墓有焉。其后世曾居舟山城状元桥侧，东门外曾置田地三四十亩，亦有祖墓在焉，此明朝之事。国初缘遣舟山，想是光熙公仍复韩岭市居住，至德裕公时，又有定海采薪垦土，爰筑室于兹尔。愚闻其所，白乃忘却，随笔之于谱。

又联排行西江月一首，凡五十字并及。光德卫国仁茂，行师必胜智酬。乘舆应事见嘉谋，运筹芳名悠久，辅汉心志谨慎，相蜀政教兼修。纶巾羽扇著风流，子孙贤才昌后。

从这则写于清同治七年（1868）的谱序来看，黄沙诸葛氏为三国时蜀汉丞相诸葛亮之后裔，其堂号“致远堂”出自《诸葛家训·诫子书》“非

黄沙文化礼堂

澹泊无以明志，非宁静无以致远”之句。序文写到，据“仁”太翁、“茂”字辈先祖所述，黄沙村诸曷氏先祖来自严州，居宁波韩岭市。明时，其后世曾居定海城中状元桥侧，在东门外曾置田地三四十亩。清初遣舟山，“光”字辈仍回韩岭市居住。清康熙年间舟山展复后，“德”字辈又来定海，采薪垦土，定居于北蝉黄沙。可见，诸葛氏在黄沙村定居已有300多年历史。

诸葛永昌对我们说，现在黄沙诸葛氏还有“师”字辈老人在，他自己是“必”字辈。他们先祖搬到黄沙村时，这里只有一户姓余的人家，以后才陆续来了唐家、何家、张家等姓氏。朱家尖的诸葛氏是从黄沙搬过去的，是“行”字辈祖辈，也是他祖父的堂兄弟，以前他们会来黄沙祖堂祭祖。黄沙诸葛氏祖堂，原来有前后两进屋，现在还保留着一间祖堂。

说起祖堂，在诸葛永昌家里聊天的老渔民唐世龙告诉我们，黄沙的唐氏与诸葛氏是自家人，当年唐家太祖婆在太祖公过世后，带着一个儿子从镇海小港青峙林唐村来到黄沙。后来嫁给了诸葛氏的一个太公，又生了两个儿子。太祖婆十分有钱，家里铜钿堆得老高，太祖婆不识字，买东西时是用舀米碗舀铜钿来付钱。祖堂造得非常好。关于唐氏的字辈排行，唐世龙还记得这么几个字，“应振荣绍德世瑞”，唐世龙是“世”字辈。

洋山庙，汪洋大海中漂来的庙名

黄沙村村前靠近后山的地方，有一座庙宇，名叫洋山庙，大概有250多年历史。唐世龙说，洋山庙起初只有三间房，到他们祖辈时扩建成现在这个样子，有大厅，两边厢房，还有门房，像是一个四合院样子。洋山庙供奉的是“老爷”菩萨，一年之中庙里有两次大的祭拜活动：一次是正月十六日，这是“老爷”菩萨生日；还有一次是七月十五“中元节”，求太平。那么洋山庙的正月十六日“老爷”菩萨生日，又是怎么回事呢？原来洋山庙这个名称的来历还有一个故事，非常神奇。

诸葛永昌告诉我们，洋山庙原来不叫洋山庙，开始当地人叫黄沙庙。有一年正月十六，黄大洋大潮阵阵，村前沙滩上全是随着大潮水漂来的木板柴草，村里小孩都到沙滩上去拾漂上来的木板，好当柴烧。有一个小孩发现有一块长约5寸、宽3到4寸的木头，上面有一块灵牌，写着“洋山庙”三字。大人们晓得后，都以为这是菩萨送来的，就恭恭敬敬请到了庙里，在庙的大堂中间，用一块红石板做底，把这块写着“洋山庙”三字的灵牌放在上面。从此，就把黄沙庙改名为洋山庙。

在洋山庙参观，我们发现庙里的一些文化布置也很有渔村的味道，和其他庙宇有点不一样。洋山庙大堂前有两副对联：“渔歌晓迎红日出，风帆暮载锦鳞归”“碧涧生潮朝自暮，青山如画古犹今”，对联的渔村海文化特色非常浓烈。庙里戏台上的对联也是如此：“乘风扬帆渔歌胜海，归舟破浪锦鳞满仓”。

黄大洋，家门口的天然大鱼仓

黄沙村村前就是浩瀚的黄大洋，诸葛永昌、唐世龙他们的祖辈、父辈们都是靠黄大洋丰富的渔业资源养活家人的。

唐世龙说，过去都是木帆船，抗风浪有限，捕鱼基本都在近海，船驶出去，远处都能看到山头，到中街山渔场已经是比较远了，青浜、庙子湖对面的东霍山，看上去就像凉帽蓬那样大。他小时候，黄大洋里的黄鱼、鲳鱼以及其他鱼虾还非常多。每年立夏至夏至，大黄鱼洄游到近海边产卵，会发出“呜呜”的声音，在家里也能听得到，有经验的渔民就会根据这些声音来进行捕捞。当渔船捕捞回家，他们这些小孩就去船上帮大人卸鱼，喜气洋洋地提着二三斤重的大黄鱼回家。

唐世龙告诉我们，40 多年前，他们抲上来的野生大黄鱼还很多，野生大黄鱼的鱼胶很有营养价值，过去是用来炒小菜吃。先把晒干的黄鱼胶，放在铁锅里用盐来炒，炒成胖胖的，而后切成一段一段，用来炒菜吃。大黄鱼还有一种吃法恐怕现在年轻人很少知道，叫作“酒淘黄鱼”。酒淘黄鱼是抲鱼人家用来补身体的，刚抲上来的大黄鱼，透骨新鲜。烧黄鱼时，用上好的黄酒当汤头，不加水，把铁锅放在柴火灶上慢慢炖。待黄鱼煮熟后，连酒带鱼肉吃下。唐世龙说，他这辈子抲了 40 多年鱼，有一种鱼非常稀少，只抲到一条，他们叫它“黄蜃”。那条黄蜃鱼有四五斤重，鱼鳞像铜板那样大，颜色焦黄焦黄，这条黄蜃鱼后来给了一个姓周的带头船老大。

在黄沙村走访，虽然所遇见的基本是老年人，所看到的村居大多是二三十年前建造的，村前的海浪黄沙也已化为一种记忆，但从老渔民沧桑的眼神中，从老渔民爽朗的话语里，还有村前屋后绿色的田地上，依然能够感受到黄沙渔村的那种淳朴、那种善良、那种勤劳。

2018 年 9 月 5 日

“紫气南来”话洪家

1月18日从北蝉洪家村回来，想能写点什么呢？采访了几位村民，故事都是零碎的，模糊的。记录整理采访录音，翻看所拍照片，那有着80余年历史的洪家祠堂，洪家人念念不忘的弄堂岭，还有洪家49号宅门门额上的“紫气南来”四字，还是有点可记录的内容。

洪家人对祖先的崇敬

先祖从何而来？这是我在走访乡村中必问的一个问题。86岁的洪家族长洪梦熊告诉我，北蝉洪家太公是从慈溪洪塘搬迁到这里的。大概是清康熙年间，太公其后有五个儿子，分成五房，都住在北蝉洪家，已有16代了，350多年历史。北蝉洪氏有24代排行：益德如润，正大光明，宗贤述圣，显达承铭，克昌厥后，福禄永祥。他是第10代“贤”字辈。老族谱现在找不到了，据说，过去族里有户人家，其“对亲”人家家人生病，向洪家借去了族谱，想用族谱去压一压，除秽去邪，结果借去的族谱，不知什么原因没有归还。在以前人们的眼里，老族谱有治病消灾、去邪避恶、招财进宝等法力，特别是出过高官厚爵、历史悠久的家族的老族谱。这样的事，我听北蝉小展岙余氏后人也讲起过。小展岙《余氏宗谱》，谱中盖有皇帝玉玺，过去有人家遇到久治不愈的毛病时，就会来向余家借族谱一用。前几年，洪家有几位族人曾到慈溪洪塘去寻根，但发现那里的排行与北蝉洪氏排行不一样。现如今，北蝉洪家人对于先

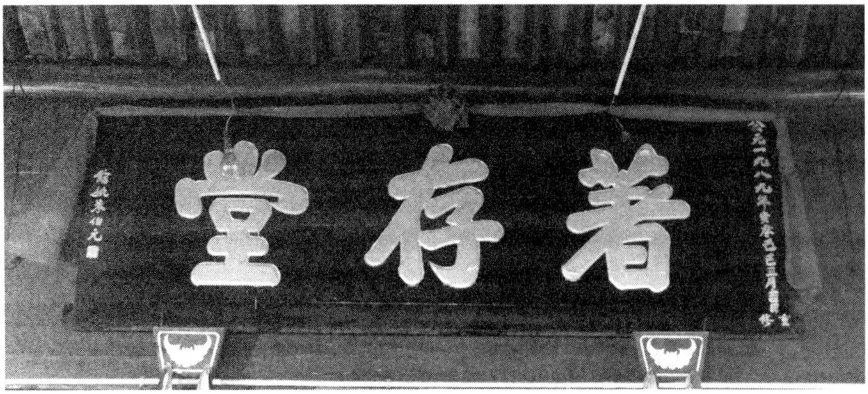

洪氏宗祠著存堂匾

祖来龙去脉的认识，主要得于祠堂里几块匾额中的信息。

洪氏宗祠建造于民国二十二年（1933），至今已80多年。祠堂有三大间，高大、宽敞、明亮。祠堂屋脊正首字牌雕塑“八仙过海”神像，神采飞扬，栩栩如生，屋顶上还塑有两位护法神像。祠堂大厅前廊檐木构件精雕细琢，廊枋、托拱上处处是神木瑞草等吉祥图案。

祠堂正厅大门上方有一硕大匾额，上书“洪氏宗祠”四字，两边分别写着“民国二十二年建造”和“余姚朱伯元”几字。正大门前廊柱上有一副楹联：“来自慈溪洪塘胜境基，善居舟山北蝉发源地”，落款时间也是民国二十二年。祠堂正大厅设有神台，正中供奉着祖宗牌位，两边神柱上有双龙相护。厅中后金檩上悬挂着“著存堂”三字黑底金字大匾，落款为余姚朱伯元，匾下是腾云驾雾双龙。左右两边板壁上用篆体书写着几首唐诗，书写时间为1989年6月。

北蝉洪氏祠堂中“洪氏宗祠”和“著存堂”二匾，落款都是余姚朱伯元，时间都是民国二十二年，这是目前所能寻到的北蝉洪氏家族渊源最明确的线索。北蝉洪氏第13代“圣”字辈洪波雷先生曾独自去慈溪洪塘寻根，写有《寻根洪塘》一文，对北蝉洪家渊源有诸多考证，其中写道，朱伯元系民国初国民党美洲支部调查员。“著存堂”一匾在1989年修葺时重新临摹，“洪氏宗祠”则是民国原物，“洪”字在“文革”时缺损，大修时又补正。

北蝉洪氏祠堂能够如此完整地保留下来，说起来还有一个特别的故事。今年 75 岁的洪显亨对我讲，祠堂在以前曾用作村里集体开会的会场，也作过小学堂。1971 年，大队打算拆除祠堂，材料用来造大礼堂。他当时是民兵连长，民兵枪弹武器都放在祠堂里，就没被拆掉。洪家人对供奉祖宗的祠堂还是很有崇敬之心的。80 多年前，洪家村没几个大户人家，是靠全族人齐心协力把祠堂建起来的。1989 年修缮时，族里人也是有钱出钱，有力出力。在祠堂围墙上，就有两个地方写着族人出资修缮祠堂的文字，其中一个写着："美国八旬老年女士王玉英乐送中币柒仟贰佰肆拾元正"。

洪家人还非常讲究规矩，崇孝敬老。洪梦熊老族长告诉我，以前如有子孙对父母长辈不孝，娘舅就会出头，叫来族长，按照族规，训斥不肖子孙；如果是大逆不道，不单要除名，还要沉到海里去。在祠里做羹饭祭奠先祖，这是北蝉洪家人不忘祖先恩德的一种特殊表达方式。洪显亨说，他们洪家人每年要做四次祠堂羹饭，清明、七月半、冬至以及春节，每年按五房依次轮换。北蝉洪家人能够持续老传统老习俗，我以为不仅表达了对祖先的感恩之情，同时还具有聚族睦亲、和谐相处之用途。

洪家人心中的弄堂岭

北蝉洪家人这种淳朴的感恩情怀，还体现在他们对大自然有一种敬畏之心。村南面绵延起伏的弄堂岭，是洪家人几百年来赖以生存之源，他们从没忘记大自然的慷慨赐予。

当年，北蝉洪家太公在洪家村安家之后，依托绵延起伏的弄堂岭山地，繁衍生息，是弄堂岭养活了洪家的一代又一代。洪家太公感恩弄堂岭的山山水水、一草一木，也为了让洪家子孙能够始终不忘生存之源，在弄堂岭山坳里建造了财神庙。那时候的财神庙虽然不起眼，只有几间低矮的房子，但影响还是很大。周边的乡民相信财神庙蛮灵光的，你只要肯勤劳苦干，财神庙里的菩萨定会保佑你的。

在北蝉一带，至今还流传着弄堂岭财神庙的几个故事。洪显亨老人向我讲了其中一个故事。说是从前有两个小乞丐，讨来的第一碗饭先上供给财神庙菩萨，晚上就睡在财神庙里。财神公公和财神婆婆被小乞丐的虔诚所感动。财神婆婆就对财神公公说：这两个小乞丐若一直讨饭下去，年纪大了咋办？介好人，您是财神，弄点钞票给他们吧。财神公公说：他们钞票是不要的，明天我变几只金元宝让你看看。财神庙旁边有一座石砌的甩拢桥，是小乞丐每天进出之道。第二天，财神公公变了两只金元宝，有磨刀石那么大，放在甩拢桥桥面上。天蒙蒙亮，两个小乞丐就准备出门。其中一个小乞丐说：阿拉每天从甩拢桥走进走出，再也熟悉不过了，今天我们就闭着眼睛走过去。结果走到桥上一脚就碰到了金元宝。小乞丐有点生气，啥人放块石头在桥上啊，就一脚把金元宝踢到了桥底下。我想，这个故事其实是在告诉后人，凡事要靠自己，天下不可能无缘无故掉下个金元宝的。

以前的洪家主要还是以山地为生活来源。洪显亨告诉我，舟山解放初期洪家就有3000多亩山地，弄堂岭山地洪家人特别多，一直到岭那边的龙潭为止，但山地基本是旱地，只能种些番薯、玉米等旱地作物。要改善生活，还得多开垦水田，多搞经济作物。他当兵回来后，担任了村党支部副书记、民兵连长，1975年开始当村书记。那时候县里号召兴修水利，大搞农田基本建设，村里就在弄堂岭、白岩山、洪家湾山等山岗，组织社员造梯田，挖渠引水，抽水上山，把旱地改造成为水田，来种植水稻。当时大队有11个生产小队，通过开山辟地，有了700多亩水田，其中新开的水田就有100多亩。大队还有一个山林队，在弄堂岭广种茶树，建猪场。

洪家49号老宅院

在北蝉洪家中，洪显亨还带我们去看了一座老宅院，这是洪家保存比较完整的一座民国时期的老宅，大概有80多年历史了。老宅院原屋主是洪金宝。据当地老人讲，洪金宝原来比较穷，后离家到湖州谋生，结果在湖州打工发了财，在湖州有了不少田地，就回故乡造屋买田。在老宅院墙门前，洪显亨指着墙门门楣上方“紫气南来”四字，对我们说，人家一般都是“紫气东来”四字，洪家这座老宅是“紫气南来”。为什么会是“紫气南来”呢？洪显亨认为自从太公定居洪家村后，生活基本是靠村南面的弄堂岭山。弄堂岭给族人带来了福气，“紫气南来”四字就是表示洪家人不能忘记以前的生活来源，要知恩感恩。

在北蝉洪家村走访，采访到的故事虽然不多，也不是很奇特，但几位老人的讲述，还是能够反映出洪家人的一些生活观念，如不忘祖宗、懂得知恩感恩、靠劳动谋求幸福，这些也是海岛大多数百姓所共同遵循的。这样想来，上面的这些平实记录，还是有一定价值的。

洪家文化礼堂

2019 年 1 月 24 日

落寞而多彩的海峰渔村

走了一趟海峰村，有点惆怅，也有点感慨。

海峰是我熟悉而又陌生的一个乡村。每年的大年初一，我要到小展岙里去看望舅舅，在小展村口下车，右边黄杨尖群山下是我小展岙里的舅舅家，左边远处是汪洋大海，海岸一侧是黄杨尖山脉延伸而去的低矮的小山，山下有村庄，那村庄就是海峰渔业村。虽然每次在小展村口都会远望海峰村，但一次没去村里走走。丁酉年九月初三（2017 年 10 月 22 日）我约同事叶老师去了海峰村走走看看。

曾经的渔业村

海峰渔业村，位于北蝉东部，旧称海头。20 世纪 50 年代合作化时，海头与钓门、钓山、黄沙合建新展渔业社，公社化时称作新展渔业大队。1961 年 10 月，海头从新展大队析出，成为独立核算渔业大队。据《北蝉乡志》记载，当时海头村有背舢板 11 只、大捕船 13 艘、机帆船 4 艘。海峰其名，是 1966 年所改，因境内有南峰山，而村北面临大海，于是就改名为海峰渔业大队。据说，50 多年前，每当海潮上涨时，村门口浅海处用串网也能捕到现在很少见到的野生大黄鱼。如今近海渔业资源衰退，海峰村会有怎样的改变呢？

沿着新修的小展河往海口方向走，心里有一种渴望。到了小展河入海口，有一小展闸，长长的小展海塘一字延开而去。这是这几年重新加固修建的，标准是50年一遇，塘高5.4米，塘长879米，配套碶闸2座。据相关文献记载，原来的小展塘，初建于宋代，长205丈。小展塘之北，海头山嘴旁有两孔的小展碶，这是以前来自小展岙的杨梅岭及黄杨尖白马湾山水的入海处。20世纪六七十年代，当地政府发动海峰村等地群众建成了泥石结构的小展塘，使得塘内大片滩涂可以变成养殖塘，还有不少滩涂地，通过土壤改良和培肥后，慢慢改良成为稳产的粮田。

笔者在小展海塘前

站在簇新的小展海塘上，眼望整个海湾，竟然不见片只渔船，这倒出乎意料。沿着海塘左侧一条山脚下简易公路往里走，路下是凹进的海滩。有一段海塘看上去有一定年月了，可能就是海峰村原来拢船停泊的老渔港码头，但也不见老舢板、旧锚之类的传统渔村作业工具，也闻不到晒鱼鲞的海腥味，除了村外黄浊的王大洋以外，传统的渔村味道痕迹几乎没有。我很有点失望，后来了解到村里的船埠现已迁至西码头了。

在老码头边，有一条上山公路，这可能就是当年渔民捕鱼归来上岸回家的老路，这是一条幸福满满的路啊。三米多宽的路面，两旁是丛生的芦苇。山不高，一会儿就到山顶，山下是整齐的海峰村落，一垄垄的灰瓦在阳光下泛着点点青白。村落的房屋大多是20世纪80年代所建造，二层楼，水泥砖头结构，马赛克贴墙。整个村落布局很有规则，从山脚而下，前后一排跟一排，整整齐齐，非常有秩序。村庄也很整洁，生活污水有水管接出分流。只可惜的是整个村显得十分空寂。在里海头，我们向一位姓许的理发师傅打听情况。许师傅今年60岁，家在里海头隔壁的刺蒲湾，在这里做理发行当已有43年了。他告诉我们，原来海峰渔业队有四个队，现在年轻人多不掆鱼了，都搬到定海、东港、白泉、大展去了。

怪不得在村里难见年轻人，老年人也不多。即使今天是周末，路上也少见人来往，让人有点感伤。

多彩的民居

从村庄靠海边的外海头、里海头，再到刺蒲湾、西地沙，一路行来，虽然不时有惆怅失落，但还是让我这个外乡人多少体悟到海峰人对生活的追求与热爱。

圆形的墙门，花绿的阳台，簇新的别墅，半个世纪以来海岛村民对美好家园的追求在这里得到了完美的演绎。在传统中国人眼里，衣食住行，住始终是放在重要位置，一旦有条件可以改善居处，就会毕尽终身，罄其所有。唐代白居易就感叹过无房的悲凉："游宦京都二十春，贫中无处可安贫。长羡蜗牛犹有舍，不如硕鼠解藏身。"北宋大诗人苏辙为圆房梦，是倾尽毕生之财，其《初筑南斋》诗云："我老不自量，筑室盈百间。旧屋收半料，新材伐他山。盎中粟将尽，橐中金亦殚。"从海峰村的外海头，一路往回走，有早年传统的屋檐飞翘的宅门，当然更多的还是建于20世纪八九十年代的二层水泥砖头楼房。如今看来虽然有些老旧了，但这是当年刚刚富裕起来的海峰村渔民的新生活标志。那时候农村流行用马赛克瓷片来点缀墙面，海峰村也是如此，在阳台、墙门等主要部位都用上了鲜艳的马赛克，以表达对生活的美好追求。特别醒目的是路边有一户人家，圆形的墙门造型，这在其他村庄比较少见，院里有株樟树，大概有30多年树龄了。而到了西地沙，则是另一番景象，成片的崭新别墅，让我们见识了这几年新农村农家的新面貌，真让人羡慕。

一口军民共建的水井

海峰村的外海头、里海头，隔一段路就会在路边见到水井，井口上沿大多是方形的，沿口下是圆形，井壁用石头垒筑，水井都挖掘得很大，是一种储水型的水井。舟山海边渔村，历来都非常看重淡水储存，几乎每家每户屋外道地下面都挖有水池，用来接蓄天落水。海峰村虽然不像其他孤岛那么缺水，村前有从黄杨尖山峰而下的溪坑水，但作为公用水井，村里还是下了功夫的。在外海头与里海头交接处，有一口水井特别让人有感触。这是村里最大的一口水井，倘若不细心留意，可能只觉得这口井大而已。井口有两眼，方形的，井口下面直径足有 3 米，井的一侧石壁上还留有可下到井底的石级。

沿着井的四边走了一圈，发现井口边三处水泥面上刻有文字。细细辨认，原来是记载了当年这口井挖建时发生的一个小故事，以及对村民在井口洗涤的提示，其中两处文字蛮清楚。

其一：先进事迹人人夸

解放军战士张柏年同志在六七年与我队军民共建此井，为我队广大群众缺水的困难，他流血流汗，身负重伤，他的先进事迹永远铭记在我们心中。

海峰村委会八六年□月份建修

其二：军民共建此水井，双方合作勇赶成。井上洗物人人记，卫生工作共管理。

文字非常平易，但所记录的那段军民共建水井的事情，让人联想起海岛上所发生的众多军爱民、民拥军的动人故事。

海峰，曾经的渔业村，落寞，并不代表着历史的遗忘。就像千年黄杨尖的山溪，一路跌跌荡荡，从不断变化着的小展河道流淌而来，最终还从小展闸口汇入黄大洋。海峰，你就像这山溪，也会流进多少像我一样年老的和年少的思念的梦里。

2017 年 10 月 26 日

小展：黄杨尖山下一个古老的小山岙

黄杨尖山，舟山本岛最高峰。这是一座充满美丽神奇色彩的名山，连绵的山峦郁郁葱葱，处处是胜景，步步有故事。

北山麓下，就是北蝉小展岙，千百年来，南宋太师余天锡后裔余氏族人，在这狭长的山谷间，守着祖先的魂灵，依山而居，日出而作，日落而息。

南宋太师余天锡

余天锡（1180~1241），字纯父，号畏斋，南宋庆元府昌国县人。幼时家贫，出门时，与弟天任相互调换外衣而出，终年盖一条被子。余天锡从小随祖父余涤读书，深受儒家思想熏陶。其母知书达理。南宋第五位皇帝赵昀小时候，余天锡母亲曾经教他习字、礼仪。

余天锡的祖父余涤，熟读四书五经，德行兼备，其嘉言善行成为当时读书人的楷模。宋绍兴二十二年（1152），昌国县令韩昼兴学造士，聘余涤为教谕督导。宋隆兴元年（1163）前后，鄞县人史浩官拜为相，聘请余涤为史家教授。宋宁宗嘉定元年（1208），史浩三子史弥远拜相，其间，聘余天锡为家塾师。嘉定十六年（1223），43岁的余天锡荣登进士第。

余天锡性格谨慎，做事勤勉，深得宋理宗信任。曾官户部侍郎兼知临安府、浙西安抚使，后知婺州（今金华）、福州，擢吏部尚书兼给事中，

小展甘溪宗庙

拜端明殿学士。宋嘉熙三年(1239)正月,59岁的余天锡,被拜为参知政事,相当于副宰相职务。嘉熙五年(1241),卒,赠少师。不久加封太师,追封鲁国公,谥忠惠。据文献记载,余天锡墓在小展岙南,即今小展甘溪宗庙东北樟树湾小坑。2010年,宋太师余天锡诞辰830周年,余氏后人重修余太师墓于樟树湾。

南宋太师余天锡,是一个有故事的历史人物。他对《易经》有比较深入的探究,常把易理贯通于实践之中。绍定四年至六年(1231~1233),余天锡为临安府(今杭州)知府,同乡好友应繇是府学教授。其间,余天锡重建讲易堂。讲易堂,这是一个给学子提供学习交流《易经》的场所。余天锡按照原址自然环境状态而加以"意匠",任运自然,无思无为,不作过分的人为经营构造。在讲易堂建造完毕后,有客人对余天锡身任"东南都会"杭州知府,有没有空暇讲《易经》提出疑问。余天锡认为不必把《易经》形而至上,一口一个《易经》,他推崇的是"昔者孟子明王道,一语未尝及乎《易》",却处处蕴含《易经》精髓。

余天锡十分重视庠序之教,重视家乡教育及县学的发展,通过学校教育传播儒家文化思想。宋绍定三年（1230），余天锡捐俸在家乡建虹桥书院，延师教授乡里子弟，书院选址于城西剑峰山麓（今盐仓境内）。这是舟山群岛最早的书院，开启了舟山古代民办学府的先河。

身为朝廷重臣的余天锡，不忘家乡文教之事。宋嘉熙中（1237~1240），有一次，昌国县令余桂到朝堂禀报事宜。在庙堂之上，余天锡问昌国县令："乡校何如？"当得知"乡校"已经修葺即将竣工，余天锡十分高兴，就捐出俸禄给昌国县令余桂，用于乡校建设。宋时舟山儒风日兴，有虹桥书院、翁洲书院、岱山书院。读书人文质彬彬，研习儒学，崇德重礼，有孔孟遗风。

小展岙余氏

小展岙余氏定居定海千余年，五世祖余息庵，是定海余天锡一脉的始祖。余息庵，北宋时期任明州（今宁波）观察判官，曾经巡历昌国，后来辞去官职，就归隐于昌国。余氏自天锡、天任兄弟科第起家后，从此门厅显赫，有"一门三尚书"之称。今鄞县等地，也有尊余天锡为始祖的。

小展岙余氏，明洪武年间因海禁迁至浙东地区，万历年间（400余年前）余姓"顺"字辈祖先从会稽郡（今绍兴、余姚一带）返回定居。后子孙繁衍，人丁兴旺，丰衣足食。

小展岙三面环山，风光秀丽，一条山溪汇集山泉，犹如金丝带，潺潺东去，周边山形奇特。当地人说村旁安山像狮子般威武，庙后山蜿蜒起伏，如巨象垂饮。狮与象在民间都有吉祥之意，故而村口溪坑立了一座"金锁桥"。

小展岙村门口原有道石牌楼，上有"钦旌"直笃牌匾，有"见匾如见皇帝本人"之威仪。石牌楼前立有"文官下轿，武官下马"石刻。清嘉庆年间，余思擎公92岁寿辰前，有一小展岙余氏族人在朝为官，向嘉庆帝奏请此事，嘉庆帝遂御赐匾额，以示褒奖。相传此匾由宁波府台老爷乘官船从海头上岸，一路鸣锣开道，旌旗蔽日，炮铳连天，护送至小展岙里闾门口，凡过往行人及各级文武官员均须三叩九拜行见皇帝礼。

后来因为前来跪拜的官员、文人士绅太多，石刻移置于小展岙口甘溪宗庙溪坑上通往岙里的一座石桥旁。我母亲是小展岙余氏“宏”字辈。老人家还记得余氏排行中的几个字辈，“顺应甫元绍，思正德成时，启宏本有学，志守尚公明”。母亲告诉我，以前每年大年初一，他们都要到甘溪宗庙去祭拜祖先，她就见到过桥边的“文官下轿，武官下马”石刻。这既是岙里人最为荣耀的一件事，也时刻鞭策着余氏后裔勤奋读书，立功立德。

如今，直匾“钦旌”与另两道横匾“八叶衍祥”“瑞世耆洪”挂于小展岙余氏上祠堂内。小展余氏上祠堂建于400余年前，民国二十四年（1935）重新修葺。祠堂保存完好，外观粉墙青瓦，前檐走廊梁枋均雕饰精美吉祥图案，雕琢细腻，线条灵活，有象征延年益寿之意的松鹤延年图，有象征着吉祥、喜庆、和谐的喜鹊梅花图，还有一幅民间广为流传的“三英战吕布”。祠堂里面有几幅版画，手工绘制，虽历经几百年，色彩依然鲜艳，画上内容大约是八仙图，人物栩栩如生。

北蝉小展岙，一个有故事的山岙。三面环山，黄杨尖山、弄堂岭、杨梅岭、小展岭，群峰高下相映。村前一条山溪，清流澄净，自黄杨尖山巅而下蜿蜒入海。在这里，你可静静坐在村口长石条上，听那些淳朴的老人讲述他们祖先的故事；你可以与三五驴友尽情欣赏岙里岙外的田野山色，就像清乾隆年间进士定海陈庆槐所写的那样：“牵郎马首东北回，大展小展山光开。一线黄杨尖上路，伴侬同去采茶来。”当然稍作休息，你可骑行，向东穿过摩鼻岭而至展茅干施岙，一路是田野花香；向西沿弄堂岭而到白泉皋泄，两边是瓜果满山。

北蝉小展岙，值得你来。

2018年7月10日

南洞：群岛第一村

新建村居一角

南洞，位于定海区干碗新建社区。这里群山环抱，犹如洞天福地，故有“南洞”美称。2015 年 5 月 25 日，习近平总书记来到新建社区南洞村考察调研，称这里是个“天然大氧吧”。从此，南洞名声响彻大江南北。

南洞，自然环境极佳，民居背依仙居山而建，错落有致。山谷西头是群峰连绵的五雷山。山谷朝东，旭日东升，整个山谷霞光灿烂，故而这里又有“太阳谷”之誉。

如此绝佳环境，使南洞变成了一个五彩的山村。早春三月，这里是漫山遍野的绿枝翠叶，鸟鸣啾啾。幽深的兰香，随着山风，若有若无，沁人心脾。清明时节，山腰里粉红色的杜鹃，田野上黄灿灿的油菜花，迎着轻柔的春风，次第绽放出美丽的花朵。暑月蝉鸣，清秀的玉米，金黄的向日葵，沉甸甸的柚子，散发着勃勃的生机，让人心神摇曳。秋高气爽，这里的天是蓝湛湛的，地是黄澄澄的，四周的群山层林尽染，野果遍枝，满目姹紫嫣红，俊美如画，让人流连忘返。霜雪九冬，虽然草木萧条，万物沉寂，但那谷中多彩的墙绘艺术，农家小院别样艳丽的几色小花，潺潺小溪里自在凫游的二三白鹅，还有那海岛其他山村难得一见的皑皑雪景，也让这里别有一番风景。

如今的南洞，一年四季游人络绎不绝，村庄美丽了，村民富裕了，人们赞美之，也敬佩之。曾经的小山村，只靠一亩三分田，贫瘠无盼头。而今同样的小山村，却像凤上枝头节节高。这里面有新建生态村建设管理委员会的精心谋划，全程指导，还有村委班子的无私付出，村民们的大力支持。他们有燃烧的理想，有实干的劲头，十多年来不息不止地奋斗，天时地利人和，拥有了今日之成功，南洞老一辈人心中的梦想今天如愿以偿。

南洞，不仅是太阳之谷，还是戏剧之谷、艺术之谷，这里是全国艺术院校大学生实习基地。火车广场、渔人码头、群岛美术馆、明清老街、文化礼堂、群众艺术创作中心等一个个旅游景点，引来了无数游客驻足观赏。

依托绿水青山，打造乡村特色文化，一个个原生态农家乐、特色民宿相继落地，火车餐厅、火车客栈、文化创意小镇、户外休闲运动、渔民画衍生品以及“南洞土产”等一系列乡村旅游新业态不断涌现。游客来这里，可游可赏可乐，还可动手尝试当一回“画家”画渔民画，真切体验海岛乡村原汁原味的生活。

在南洞，还有不少历史人文景观值得探究。一进入南洞，就会看到一座彩虹似的横跨两端的仿古廊桥，这就是仙居廊桥。桥上有亭阁、廊道，供游人休憩、交流、聚会。站在廊桥上，俯瞰南洞全景，风景如画。一面是一幢幢徽派建筑风格的小楼，矗立在青山溪流之中，一面是海岛传统民居建筑，有民国以前建筑样式的四合院，更多的是20世纪七八十年代建造的农村楼居。

仙居廊桥建于2010年，桥龄不长，但桥名由来已久，清光绪年间的《定海厅志》中就有“仙居山”的名称。这里空谷幽兰，飘逸秀美；松风听泉，超凡脱俗。清朝时，曾有文人雅士在此隐居，吟诗作画。如今，仙居廊桥已是游客必到之景点，深受写生者和摄影爱好者的喜爱。

到了南洞，若有兴致，你还可去爬一下山谷西头著名的五雷山。翻过五雷山，就是有海岛“河姆渡”之称的千年马岙。五雷山，横亘于干礁、马岙两个乡镇之间，山势十分险峻，南峰海拔432米，北峰海拔420米，山顶云雾缭绕，奇花异石，犹如仙境。

在五雷山上，一悬崖峭壁之上，你能看到七块柱形巨石，拔地而起，远眺如七个仙女飘然而下，故有“仙女峰”之称。峰下有两块巨石，石缝间清泉直泻而下，犹如白玉。山顶上建有五雷寺，幽静的院落，端庄的佛像，虔诚的香客，缭绕升腾的香烟，这一切都会让你陷入沉思。寺旁有不少茶树，色泽翠绿；寺内有上下两井，清冽甘甜，善男信女们称之为“神仙水”。

在五雷山，映入你眼帘的还有一条非常美丽的公路，它是定海首条主打“生态休闲”的观景公路，也是当地老百姓戏称为“舟山秋名山”的公路。这条观景公路起点位于定海长春水库附近，终点和南洞现状道路相接，全长4.24公里。

南洞，如此神奇，如此美妙。如今的南洞，更是美名远播，已先后荣获全国文明村、浙江省生态环境教育示范基地、首届浙江省农家乐休闲旅游“十佳特色村”“中国最美村镇”榜样奖、浙江旅游总评榜“最受欢迎乡村旅游目的地”等荣誉称号。想必，当你再次来南洞时，定会有新的景色映入眼帘。

2018年5月5日

揭开干碶鲍家五百余年历史之谜

一个小山村的变迁之谜，也许隐藏着一段扑朔迷离的历史风云。然而各类正史、方志等历史文献总是无暇顾及山野匹夫之琐事。岁月流逝，物是人非，小山村的许多历史之谜，如东流水悄然消逝。定海区干碶西南之青龙山下鲍家村，虽是一个不为外人所注目的小山村，却隐藏着许多未解之谜，关乎族缘，涉及乡情，是心系桑梓的鲍家有志之士的未了之情。2019 年 10 月 6 日，我与干碶鲍家村鲍氏第 9 代鲍国田、第 10 代鲍胜利一起，跋山涉水，现场踏勘，走访耄耋老人，力图解惑析谜，让鲍氏先祖懿德善行传之于谱。

干碶鲍氏开基先祖身世之谜

尊祖敬宗，慎终追远，这是中国人根深蒂固的文化基因。干碶鲍氏先祖定居以来，立业衍宗，人丁兴旺，族有祠堂，祖存画像，然作为明血统、序昭穆之宗谱，却不知所踪，导致先祖之身世不详。

干碶鲍氏开基先祖是何时在干碶生根落叶，又是怎样的身份？虽然目前未见如宗谱之类的明确文字记载，然古道夙敦、淳朴厚实的鲍氏家族还是保留下来了先祖夫妇彩绘画像，鲍家老人称之为“凤祖太公”。“凤祖太公”夫妇画像，装裱精致，色泽鲜艳，已历经三百余年，人物形象依然栩栩如生，是舟山民间难得一见的珍贵画像。81 岁的鲍治兴老人告诉我们，先祖画像平时珍藏在祖堂神龛里，秘不示人，只有春节、清明

干硙鲍氏先祖像

或族里重大时节才悬挂于祖堂正墙上。以前每当大年三十，就把先祖画像在祖堂上悬挂起来，摆上供桌和供品，全族老小按长幼辈分顺序先后磕头，行礼祭拜，一直到正月初五为止。大年三十晚上，要有族人在祖堂里陪夜。他小时候就跟父亲在祖堂上陪过夜。

鲍氏先祖画像透露出不少相关信息，是推断鲍氏先祖身世的重要物证。陪我一起走访的鲍胜利对先祖画像有比较细致的研究推断，他认为，画像中的先祖生活于明末清初，先祖太公曾为明朝五品官，所着官袍补子“二只白鹇”是明朝五品文官图案，而头上所戴的则是清朝官帽，可见画像时已改朝换代。如此穿戴，可能有多种考虑。鲍胜利认为，先祖公衣襟上的一龙一凤，有着特殊指向，如果说先祖婆红色衣袍下蓝色裙子 22 个底褶，所指的是当年鲍氏已拟定 22 个排行字辈，即“龙凤卿相荣华富贵国朝志治维忠孝盛世宏谟悌圣贤”，那先祖公衣襟上的一龙一凤，则很有可能是为了让后人记住他是“凤”字辈，其父亲是“龙”字辈。鲍胜利这一推断，与鲍家老人口口相传的“凤祖太公”不谋而合。据老人们回忆，70 年前，每当清明节上坟，族人们首祭“凤祖太公”坟墓，墓有三穴，横墓碑，拜台分三级，占地面积约60平方米，非常有气派。20世纪50年代末坟墓被挖，墓中为暗红色五角梁石条，有烟杆、铜钱、瓦罐之类陪葬物。

为了寻找更多佐证，深入了解干礅鲍氏先祖身世，鲍胜利几次在村周边进行走访，不厌其烦地进行探问。功夫不负有心人，终于从干礅周家保存的一份周氏《地产部》中发现了360多年前鲍氏先祖生活的痕迹，这使人对于干礅鲍氏迁徙历史有了一个全新的认识。

周氏《地产部》是清康熙二十八年（1689）所整理，其中有周氏与鲍氏田地、房基等买卖情况记录，如明“崇祯七年买鲍九霄涂田肆亩，土名塘头面，价银陆两，东至本主田，南至良贵田……”“小芦岙田，崇祯十七年，买鲍外公水田一丘，计四亩……”“顺治五年，买鲍翼云叔公涂田一沟，计四亩……”“顺治九年正月，买鲍瑞云地名小芦塘墩基田一亩三分，价银六两。东南西至俱田塍行路，北至墩基地。分授小芦塘头面涂田二亩，计价四两”“顺治十年，买鲍硕卿地名横塘下浦底涂田一庞计二亩，价三两。西至良德太公，北至陈处田”。上面所涉及的“塘头面”“小芦塘”“横塘下”等地方都在小芦岙一带。

小芦岙，位于干礅境西北部，据说村后小山上曾出土一只古代香炉，遂称该地为小芦。小芦岙开发历史比较久远，宋宝庆年间就有林姓人家在小芦东夹岙居住，明弘治年间陈姓由鄞县姜毛山迁至小芦岙桐子山与风箱斗之间的半山腰居住。而根据周氏《地产部》所记，干礅鲍氏“龙”字辈上代“良”字辈名字“良贵”“良德”已出现在地契中，且有地产，由此可推定至少在明嘉靖年间（1522~1566），鲍氏已在小芦岙居住，22个字辈中，前四代“龙”“凤”“卿”“相”先祖出生于明代。

小芦岙鲍氏先祖生活印迹的发现，几乎改写了干礅鲍氏家族的历史，鲍氏迁居干礅历史从原来300多年前的清康熙年间，如今一直向前推至450多年前的明嘉靖年间。这四五百年间，鲍氏历史大概可分为两个时期，即360多年前的小芦岙先祖开基时期和后来的青龙山下西岙先祖拓展时期。

那么，四五百年前的鲍氏开基先祖为何会在小芦岙，这是揭开鲍氏先祖身份的关键之点。三四百年前的小芦岙，三面是平缓的山地，岙口前面有小芦海塘，围垦起一大片田地，向前则是汪洋大海，可遥望到洋对面的岱山、秀山，岙口往左是长白海道，往右是黄大洋，地理位置十分重要。明朝时，干礁是重要的军事防御之地，有干礁寨军事设置，三江、干礁还设置烽堠，配备若干个旗军，瞭望声息。寨是古代军事建筑物，驻扎军队，为军事前沿阵地。烽堠是报警的墩台建筑，建于山岭最高处，遇有敌情，日间焚烟，夜间举火。

明朝地方军队实行世兵制，卫所军及武官皆入军籍，称为军户，父死子继，世代为军，并随军屯戍，住在指定的卫所。据康熙《定海县志》“干礁岙图”，小芦塘南侧有西碶寨军事设施标志，岙外是汪洋大海，岙内有山有田，是建立军事防守要塞的理想之地。明代时，小芦岙很有可能是屯军所在地。鲍氏先祖有可能来到小芦岙后，开始是作为驻扎在小芦岙的军户。而到了360多年前，经过几代人的奋斗，鲍氏家族已非普通军户，仅从周氏《地产部》所记载的两家田产、地基等交易数字和时间，基本可得出这样一个结论：干礁鲍氏“良”字辈先祖约生于1530年前后，即明嘉靖年间；“龙”字辈先祖约生于1580年前后，即明万历年间。在“良”字辈、“龙”字辈、“凤”字辈、“卿”字辈时，鲍氏家族在小芦岙已占有二三百亩田地，是一个鼎盛家族。

干礁鲍氏与光溪鲍氏的渊源之谜

干礁鲍氏先祖是否由鄞县光溪迁来，这也是干礁鲍氏后裔想要解答的一个谜。2019年3月初，光溪鲍氏族人根据民国辛未（1931）重修的《光溪鲍氏宗谱》之《四明蕙江报本堂记》“有宗人或在昌国”之句，以及族谱中记载的“永镜永月立官迁舟”等信息，来到干礁等地寻亲。光溪鲍氏宗亲的来访，让沉寂半个多世纪的干礁鲍氏家族一下子有了一种溯流寻源的急迫念头。于是几位古道热肠之士，3月中旬先去光溪鲍家进行回访，而后围绕修谱各项事宜，紧锣密鼓地展开了寻祖活动。

鲍胜利告诉我，在光溪鲍氏祠堂，看到祠堂暗红色的石台阶，他一下子记起了小时候老宅前的鲍氏石祖堂，这石祖堂的石质与光溪鲍氏祠堂几乎是一模一样。2019年3月20日，我在鲍家村走访时，84岁的鲍氏第8代“贵”字辈鲍贵云老族长对我说，这个石祖堂，他八九岁时看到过，总高度一米六七，下面有台阶，上面四边用石板合围起来，石祖堂屋顶也用石材雕刻成瓦轮样子，正面两边石条上刻有文字，可惜记不得什么内容了。大概1945年前后在原地造了五架屋总祖堂，那个石祖堂就在总祖堂里面。1960年生产大队要造仓库，就把五架屋总祖堂拆掉了。石祖堂在“文革”期间被敲掉了。

鲍国田、鲍胜利等人从光溪回来后，就全身心地投入到修谱中。10月1日，鲍胜利特地造访了现年91岁高龄的堂哥鲍安兴。鲍安兴老人是位老石匠，手艺相当精湛，对当地及外来石材十分熟悉。虽然老人耳聋眼花，说话相当吃力，然记忆相当清晰。年迈苍老的老人从鲍胜利的口型和手势中，基本听懂了鲍胜利所要询问的事情。老人肯定地告诉鲍胜利，石祖堂的石材不是舟山本地的，是宁波光溪石，微红色的，还说大凤头坟碑也是光溪石材。“光溪石”，成为破解干礅鲍氏与鄞县光溪鲍氏渊源关系的又一个让人可信的证据。

青龙山下西岙鲍家的“石祖堂”“大凤头”坟碑用的是光溪石。小芦岙山上曾有鲍氏一座大祖坟，其石材也是暗红色的光溪石。20世纪50年代末挖坟取材，大炼钢铁，鲍氏祖坟被挖，硕大的坟墓石条被用于水渠道上，这水渠道如今就在小芦岙永障庙一侧山地中。西岙、小芦岙是鲍氏先祖在两个不同朝代生活过的村落，其时间跨度在四五百年间，都与鄞县光溪有着一种“天然”的联系，这绝不是一种巧合，而且民国辛未重修的《光溪鲍氏宗谱》就有鲍氏族人迁居舟山的记载。

综上所述，基于《光溪鲍氏宗谱》相关记载以及干礅鲍氏石祖堂、先祖坟墓石条等线索，基本可断定干礅鲍氏先祖至少在明嘉靖之前由鄞县光溪迁至干礅，已有450～500年历史。先至干礅小芦岙，有150年左右时间。清顺治十三年（1656），朝廷实施海禁，遣民于内地，原生活于小芦岙的鲍氏家族，其中有不愿意离乡背井的族人，翻过小芦岭，迁移到山高林深的青龙山隐居。直至清康熙二十三年（1684）开海禁，鲍氏家族才结束隐匿生活，在青龙山下西岙繁衍生息，开枝散叶，一直到现在。

五百年风雨兼程，十六代承前启后。为了让族人遵规守纪、严肃家训、颂扬祖德，干礲鲍氏先祖在家族字辈用字中特别突出“维忠孝”“悌圣贤”，时刻提醒族人弘扬家族优良传统，以此世泽绵延。

干礲鲍氏，一个不简单的海岛家族。

鲍家村落

2019年10月10日

黄沙村：周姓三份潭老宅以及其他事

时隔多年，再次走进黄沙村。2013 年，我第一次走进黄沙村，是为一座叫作黄沙周三份潭老宅而去，回来之后，一直为那座已有百余年岁月的老宅日渐破败的境况而忧虑。2019 年 3 月的一天，我第二次前去，除了探望这一牵挂的老宅以外，还想多了解一下黄沙村的历史。

一

黄沙，是干䃧一个很有名的山村。该村西为大地畈，北界朝阳村，居季岙山和尖高岭西侧山岙。据说村西溪旁多黄沙，故名。又因村民周姓为多，故又有“黄沙周”之称呼。虽然是一老村落，村居偏僻，但近几年村里还是对有限的公共场地、建筑进行了充分利用。在村口，有健身场地，原来的大队礼堂改建成了文化礼堂，里面有健身器材。文化礼堂前面的公共厕所，特别引人注目，外墙颜色鲜亮，里面十分干净，没有一点杂味。

黄沙村，以前是一个以农耕为主的山村。在走访中，我发现村里还有不少老宅老屋老井，看上去都有近百年历史。这些老宅老屋并非普通石头墙的简陋房子，当年建造时也是花了不少钱的，非贫苦农民收入所能承受的。看来历史上的黄沙村民，除了农耕，也许还有其他生产作业方式，例如经商。在离文化礼堂不远处，我遇见了一位 88 岁的周姓老人，这位老人的家就是一座老屋，二层楼为木质结构。老人告诉我，这座老屋是他老丈人造的，他当时七八岁，老丈人以前在上海经商，发家后回乡建造房子，木材都是从上海运来的。这些老房子，虽然可能已没多么大的文化价值，但至少也是黄沙村历史的一个印迹。类似这样的历史印迹，村里还有一些。如文化礼堂路对面的那幢砖头墙房子，大概是上世纪六七十年代集体经济时建造的，墙上还写着“医疗站”几个字，看样子是当年生产大队的办公用房。在生产大队办公房子前面有一块石碑，上面写着“功德碑”几字，则记录了20多年前黄沙村村民“修桥铺路”的公益活动，“功德碑”上写着“捐资修路利人行，树碑立传育后人”，刻有当年捐资修路人的名字，有台胞、美籍华人、村民、沈家门人等，是1996年12月由黄沙村委会所立。1950年3月，国民党从舟山撤退到台湾时，到处强抓壮丁，干礁是“重灾区”。据定海文史资料第五辑《定海旅台人物录》记载，单是黄沙姓周人家就有51人被抓壮丁。这块“功德碑”上捐资修路的台胞以及美籍华人中就有当年被抓到台湾的黄氏后裔和亲属。

二

三份潭老宅是黄沙最有名气的一座传统民居。当年来到这座老宅院，我既赞叹其装饰精美，又感叹日趋“凄凉”。特别是老宅西厢房后面的那一进重楼，几间屋顶瓦片所剩无几，屋内外到处散落着破碎的瓦砾，木质梁架、木板前壁不少已破裂，爬满了野草藤蔓，一片破败之景象。虽然知道已难以修复，心里还是甚为可惜。五六年过去了，老宅如今怎样？

三份潭老宅，四合院式，坐东北朝西南。位于正中间的老宅正大门，宽敞无比，大门、穿堂两边而今还是堆满了废弃的木头柴草。老宅正屋三间，两端各带库头，单檐硬山顶，穿斗式梁架，檐下用月梁、柱头科。正屋最中间一间是堂前间，是黄沙周三份潭祖堂，里面挂着“恒德堂”匾。东厢房一进，面阔五间；西厢房前后两进，前进面阔七间。

2013年来时，我对这老宅院前前后后都进行了仔细查看，留下的一个深刻印象是老宅院后罩房雕饰比正屋、厢房好看得多了。老宅正屋、厢房外观雕饰很平常，堂前隔扇门也没特意精雕细琢，上绦环板和中间

三份潭老宅

的腰板、下部的裙板都没有任何雕饰，简简单单的长木板，隔心是斜形的风车纹。西厢房后面重楼，当时已是面目全非。所以这次一来到三份潭老宅，就直接穿过道地向后罩房以及后进重楼走去。结果是大吃一惊，老宅正屋后面那三间精雕细琢的后罩房，只残存一间，而这一间也是岌岌可危，西厢房后面的那进重楼，现已全部拆除。

在正屋前面道地里，我遇见了一位住在东厢房里的老年妇女。她告诉我，老宅原先有好几户人家，有些在国外，由于没人居住，几十年来，风吹雨打，没人修理，房子就倒了。道地上堆放的这几扇隔扇门，就是从后罩房拆下来的。后罩房在传统民居建筑中，虽等级不如正屋与厢房，然常作为家中女儿、女佣等女眷居住之地，建筑风格上尤其在雕饰上会有特别精细之处。如今只剩下一间以及这几扇隔扇门，而且还在露天下任由日晒雨淋，实在可惜。

这里摘录几段 2013 年探访回来后写的文字：

穿过正屋次间与库头间的过道，有一进房屋，面宽三间，中间是堂前间，左右为次间卧室，这就是三份潭的后罩房。由于久未有人居住、打理，后罩房前两旁泥土道地一片杂草丛生，即使正中长石条铺就的台阶，也几乎被石条缝隙间长出来的杂草所盖住。三间房屋岌岌可危，靠西头的一间，前面的廊檐不知倒塌了多少年，中间六扇隔扇门，精美雕琢的木格在风雨侵蚀下也即将“玉碎香销”。

六扇隔扇门让人一见就觉得其装饰图案极为饱满，又有灵动之感，虽然其装饰已有部分破损，色泽也已淡化，灵槅间起点缀过渡作用的镶嵌的小木雕件也所剩无几，但还是能够看出其所含的风采。隔扇门上绦环板、腰板采用浮雕手法，图案都是双龙寿字纹，对称之中稍有变化。腰板的“寿”字，是经过一定的图案化、艺术化。其中腰板中的“寿”字采用篆形，方方正正，上绦环板“寿”字则用变体的云纹来表现，线条灵活。而“寿”字两边游龙，龙首龙须怒张，线条简洁流畅，富有神态；龙身纤细委婉、婀娜多姿，玲珑可爱。而“步步高”纹样的槅心，分成上中下三格，规整中有变化。

三份潭后罩房装饰精美之处还有两边卧室的隔扇窗，隔扇窗步步高棂条间镶嵌的木雕小构件，让隔扇窗棂条组合富有变化，又赋予了吉祥之意。上下棂条间各有一个浮雕“寿”字小木作镶嵌，中间的小木作雕刻着插着如意、花卉等图案的花瓶，寓意“吉祥如意”。棂条分槅间还有小巧的古钱币、方胜纹样的木制构件。

三

黄沙村周姓人家是一大族，周姓人家先祖从何而来，走访时遇到的三四个老人都说是从宁波搬来的，问起他们周氏排行，讲得不是很清楚。回来后查了民国十四年（1925）编修的干礅《黄沙周氏宗谱》，其中由八世裔孙辑绪所撰的《干礅 黄沙村周氏宗谱序》和白泉繁强村王昌科撰写的《干礅黄沙村周氏族谱序》，有关于黄沙周氏先祖来历的文字。《干礅黄沙村周氏宗谱序》这样写道：“我周氏自有明以来世居干礅黄沙村，先祖邱墓俱在其间。自清顺治初年朝议迁沿海居民于内地，我祖宗流离颠沛，侨寓古董之邱街。或谓邱街即祖之故居，是与非莫得而详焉。迨康熙二十八年，沿海展复，我祖宗重回故土，荆棘遍地，满目荒凉，欲寻遗址而奉祀火，仓猝苦莫辨。一日忆及迁徙时曾捧祖祠香火炉藏于戴家山刁樟树下祖墓旁，覆石其上，往寻之，祖墓如故，香火犹在。乃披

黄沙林口公园一角

荆斩棘就村遗址而建祠，奉香火于其中。是为我周氏老大二三四房所共有之宗祠，迄今相沿不改。”序文一是提到周氏祖宗“侨寓古董之邱街”，即今宁波邱街。二是黄沙周氏先祖虽被迫迁徙，离开故乡，但时刻不忘故土，一旦回乡，就寻祖立祠，谨遵祖训。

在村口一家小店中，向闲坐在店里的几位老者打听黄沙周氏家族的故事。老人们告诉我，黄沙村的周氏在明朝时已聚居成族，清康熙二十三年（1684），朝廷解除海禁之后，大概康熙二十八年，一“元”字辈周氏族人重返故里，至今已传承至十四五代。以前周氏家族生活比较贫困，只有三份潭（即三房）还较为发达，过去上海滩很有名气的实业家周锦水就是三份潭后裔。多年里，黄沙周三份潭老宅还曾办过私塾、村校，以馈乡恩。

2019 年 3 月 27 日

名不见经传的里邵村，故事也很令人感怀

里邵村位于定海区干谠镇西北部，三面环山，南邻陈家。舟山解放初，里邵为干谠乡七村。1956 年 12 月，成立里邵高级社。1959 年 3 月，成立里邵大队。1984 年 4 月改为里邵村。2004 年 12 月，里邵村与西岙联社合并而建青龙社区。35 年前，里邵曾是定海农村建设的示范乡村，在交通便捷，乡村建设日新月异的今天，里邵已不再是一个“显山露水”的山村。

里邵文化礼堂

2019年1月13日，我再次踏上去干礁的路途，目标直指里邵村。在东方红公交站下车后，步行20来分钟，就到了里邵村。村庄不大，坐落于一座比较低矮的山脚下，当地人称这座山为后门山。关于里邵村，来前我了解到该村曾于上世纪80年代初期就按照村庄建设规划进行重新布局改造，是定海较早一个按照规划进行建设的村落，故此到了村里，我就比较留意村居建设上有什么不一样的地方。在村里走了一圈，发现每隔一个区块，前后左右就有宽约四五米的笔直村道，虽然大多数民居是20年前后建造的样式，即一种比较简单的二层楼房，但与其他地处中心乡镇的别墅民居相比，里邵村的民居似乎落后了一个年代，当然村里已经有几户人家正在新建别墅。那么，里邵村的过去到底是怎样的呢?

在村里走访时，我有幸遇见了两位老人，他们都是邵家后裔。一位已是89岁高寿，名叫邵瑞火；另一位曾经担任过村支部书记，今年74岁，名叫邵信康。在与他们的交谈中，我发现里邵的过去以及现在的一些故事，还是蛮令人感怀的。尤其是近70年以来，里邵民居不断变化，从父祖辈留下来的低矮的石头墙四檐屋、鳖脚的库头间，到上世纪80年代初期全村规划建设的砖头水泥房，再到90年代末本世纪头十年间钢筋水泥楼房，再到近十年来宽敞明亮的花式别墅，农村面貌日新月异的变化，给人实实在在的对照与认识。

七十年前的里邵岁月

里邵村有邵、季、虞、陈等姓，和不少山村一样，里邵村村民对于先祖的故事、村落的形成历史，基本是靠口耳相传，因此这些故事大多是零碎的。邵姓是里邵村的大族，他们在清康熙年间由宁波迁来，已有300多年历史，因为没有家谱这样的文字留存下来，所以先祖的懿行逐渐磨灭，这多少让人遗憾。在村里，我们又巧遇邵瑞火老人。89岁高龄的他走路不用拄拐杖，依旧行走得稳稳当当，近距离交谈没多少隔阂，甚至还记得不少过去的事，让我们此行收获颇丰。

我们询问他邵姓的排行字辈，老人竟脱口而出，如数家珍。到这个岁数即依旧有这么好的记忆力，让我们十分惊讶。邵瑞火老人告诉我们，邵家从第一代太公“良”字辈开始，在里邵村安家落户，到现在已有十五六代了，排行是：良廷成茂志，起应宏富瑞，国泰赐万年，唯明清全备。他是“瑞”字辈。关于“良”字辈太公在里邵怎样开垦落户，繁衍生息，现在的邵姓后人已经说不出更具体的“子丑寅卯”。邵瑞火老人说：“上辈人传下来说，‘良’字辈太公从宁波来到干礁时，是兄弟两人，先是靠兑换糖生活，所以我们称‘良’字辈太公为‘换糖太公’。老大在干礁里邵安家，老二在干礁外邵安家，后山上‘良’字辈太公的土墓堆现在还在……”

70 多年前，里邵人生活非常贫困。邵瑞火老人对我们说，那时候里邵人住的屋都是“三不像”，草屋，乱石墙，村民们过着饥寒交迫的生活。他们家有兄弟四人，他是老三，家里没田，父亲靠给人家做长工来养活家人。而自己从小就给人看牛，穷得常常吃不饱饭，更盖不起房子。上世纪三四十年代，小山村里邵可以说是多灾多难。邵瑞火说，他七八岁时，日本兵以对面山上有游击队为由进村抓人，于是全村人都逃到后山上躲了起来，而他则藏在柴堆里。日本兵没抓到游击队，就把游击队曾住过的孙家房子烧了，何家有个叫阿洪（音）的 20 多岁年轻人还被日本兵活活敲死。抗战时期，干礁是抗日武装活动地之一，1980 年出版的《浙江革命史料特辑》，其中有一篇《定海敌后抗日武装斗争简述》就写道：“（抗日武装）主动把主力部队开赴西区的干礁、马岙等乡进行活动，扩大政治影响。”邵瑞火还说，1950 年，国民党军队退守舟山，里邵村住了一个营，在撤至台湾时，到处抓人，里邵村被抓去了 20 多个年轻人。

走访里邵的过程中，我们向碰到的老人询问舟山解放前里邵村的事情，询问邵家先祖的事略，但多数人已说不上具体细节。不少故事正在被不断地淡忘，这更让我们对抢救村落历史多了一分紧迫感。

三十五年前的新村改造

1946 年出生的邵信康，一直生活在里邵村，1979 年是里邵大队大队长，1980 年至 1985 年担任村党支部书记。在他任村书记的几年中，里邵村被县、乡确定为新村建设试点村，这是里邵村有史以来首次按照村庄规划进行建设。而他则是参与村庄规划建设的实施者，也是里邵村第一次彻底改变老旧村貌历史的见证者。

邵信康告诉我们，新村改造以前，大多数村民所住的都是祖父辈留下的破旧房屋，有的人家虽然是四檐屋，但都是石头墙，低矮潮湿，有的只有库头蹩脚屋，塌的塌，漏的漏，居住条件十分恶劣。像他们家有十来人吃饭，20 世纪五六十年代时，家里只有一间半的房子。直到 1976 年，他们家才造了四间平房。新村规划建设之前，村里的路也是十分糟糕。村道弯弯曲曲，非常狭窄，连小板车也拉不过。路是石弹路和烂泥路，遇上下雨天，更是坑坑洼洼，污泥满地，难以行走。

因此当村里出台新村建设规划时，村民们兴高采烈，积极响应。邵信康说，新村规划是在老书记手里完成的，他接任村书记后开始具体实施。从 1980 年开始，前前后后搞了四五年。规划拿出村前部分旱地，先安排居住条件困难的村民用来建房，每个 17 岁以上的男村民都有四间屋的地基，而搬出来的村民原屋地基留给旁边村民改造之用。新村规划还对村道进行了拓宽，尽可能改造得宽敞笔直。这样一来，村容村貌变化巨大，进出也十分方便，让家家户户都住得十分舒畅。村里有一户人家，有四个儿子，村里给其中老大、老三、老小三个儿子安排在一个地方，新造了三排共十二间房子，这可是他们全家老少从未想到过的事，个个惊喜万分。

建筑材料由县里平价计划供应。邵信康告诉我们，水泥是 76 元一吨，有朝鲜水泥、岑港水泥。砖头也是“白市价钿”，三分一块。村民需要多少向村里申报，村里再向县里计划部门打报告，县里就会批下计划数来。有的是到马岙轮窑厂去买，有的是到白泉、北蝉等地轮窑厂去买。乡里、村里还有自己的水泥预制场，水泥梁条、柱子、小青板等成品由村里预制场提供，五孔板则向乡里预制场定购。村民造新屋，也都是互帮互助，小工都是同族亲友、左邻右舍，不用出工钿的。建造成本很便宜，邵信康家 1976 年时造的四间平屋只花了 600 多元，1981 年新造的两幢二底楼屋也只花了 4000 元。

那时候，新屋建筑材料虽然都是“白市价钿”，但村民们收入还是比较少，为了能够尽早住上新屋，村民们也是竭尽所能、勤俭节约，省出钱来买材料造新屋。邵信康还向我们讲了这样一件事，1980 年前后，为了造新屋，他们家把省下来的稻谷运到沈家门去兑小杂木。他记得有几次和隔壁人家一起去，赶着牛，用小板车拉着稻谷，翻山越岭到沈家门，天没亮就出门，晚上六七点钟才赶回家，路上单趟就要六个钟头。就这样辛辛苦苦，用了四五年时间，全村一百来户人家，造了五百多间新屋，改善了居住条件，里邵村在全乡一下子有了名气。

在里邵村走了两三个小时，故事虽不多，但我们能感觉到里邵人的淳善质朴。至诚至善之人，心宽体健，长寿多福。在与邵信康交流中，我们还得知他的母亲今年 103 岁，去年还能自己烧饭做菜，身体健朗。在社区文化礼堂，有“家风家训”一栏，如“致富思源不忘本，热心助人万事兴”“手足贵相助，夫妻贵相从，长幼贵有序，邻里贵宽容”“耕种要勤，言语要真，买卖要公，做人要诚”……摘录几句，也许能从中学到里邵人的为人处世之道。

2019 年 1 月 15 日

最后的“郎头傧”与百年前的“郭公”传说

干础，位于定海区北部偏东，舟山岛北部滨海。四五百年前，这里已是一个地广土沃、非常适合居住的地方。清康熙《定海县志》载：“（干础）枕西南之五雷，面东北之灌门，迤南则邻白泉，向北则接马岙。山环三面，水分两派，有碶有塘，田土颇沃。”而几千年前，干础还是一个地处荒远的滨海之地，政教难行，时有士人来此隐匿，以躲避暴政和迫害。由此，各种扑朔迷离的传奇逸事让干础的历史更为丰富多彩。如果说千余年前的五代十国时期，吴国儒将姜荣来到翁洲干础青龙山下结茅隐居，创建降钱寺，宋建隆元年（960），取“以释民之慈悲，则盗贼化为君子”之意，改名为隆教寺，千名众僧，开山辟地，是干础第一次大规模的田

干础光荣村村居

园拓展。另有一传说，700余年前郭子仪嫡传玄孙郭公，避难到干䃎，在现干䃎东升社区一带筑塘围田，救助难民，办学启蒙，对民众心智开化起到了潜移默化的作用。而今，旧日的滩涂坡地，已是遍布钢筋水泥厂房，从前的农耕文化习俗，不少已淡出人们的记忆，甚至面临失传的境地。2019年10月19日，我与熟知干䃎地方文化的鲍胜利先生一起，特地来到干䃎东升社区光荣村，走访一位当年名声十分响亮的唱贺郎调的“郎头傧”——姚仁元。

最后的“郎头傧”

结婚是人生之大事，正所谓“执子之手，与子偕老”。海岛舟山民间对于婚姻礼仪尤为重视。50年前，从提亲说媒到拜堂入洞房，前后整个过程，礼节之周全，仪式之隆重，声势之浩大，令人叹为观止。而举行结婚典礼当天晚上的贺郎仪式，则把婚礼推向高潮。舟山民间贺郎仪式隆重而轻松，欢快而诙谐，气氛活跃，喜气洋溢，可谓是海岛民间最具特色最有情调的一大民俗活动。

在贺郎仪式全过程中有一个人物十分重要，那就是郎头傧。郎头傧是掌控、调节、营造贺郎仪式热闹、喜庆、祥和气氛最为关键的人物。今年82岁的姚仁元，在40年前，是干䃎各家各户举行婚礼仪式中竞相邀请的热门“郎头傧”。

姚仁元，原住干䃎大岙里姚家，现住干䃎光荣村。据1999年6月编修的干䃎大岙里《姚氏本族总宗谱》记载，干䃎大岙里姚氏祖籍宁波慈城，清康熙年间迁至白泉庄大柯梅村大岭下定居，至今有300多年历史。分支有干䃎大池潭、大岙里姚家、浪洗庄前等地。与姚仁元聊天，貌不惊人的他着实让人敬佩。他，从小没上过学，然能识字读书，博闻强识，融会贯通；他，家境生活困苦，8岁时给人放牛，12岁时父亲被抓壮丁到台湾，年轻时干过泥水匠，做过兽医，烧过焦煤，然从未失去生活的勇气，乐观开朗；他，从小住在山沟里，然自学成才，不仅会唱贺郎调，能说书唱“新闻”，还懂“麻衣相法”。不熟悉他的人，也许会认为他只是一个身份低微的山村农民，但只要稍加了解，便会知道他无论是说书唱“新闻”，还是唱贺郎调，都是竭心尽力，绝不马马虎虎，应付了事。尤其是做郎头傧，他是尽自己所能，在常规之中，及时捕捉新动向，自编自唱，让主人家满意，让宾客们欢心，让不太熟悉的新婚夫妻亲近亲热，增进感情。

姚仁元告诉我们，40 年前，农村人家举行婚礼，大多有贺郎仪式。晚宴结束后，在堂前间点上“汽油灯”，一般人家是用两张“八仙桌”拼成长方形台面，上面摆放 12 杯酒、24 道“盆头”，有猪羊鸡鸭及各种家禽内脏，还有各种海鲜，以及各色糖果糕点、时令水果。新郎新娘坐上横头，四男四女傧相坐两边，自称学生的两个“郎头傧”坐在下横头，即面朝新郎新娘，又可眼观左右，掌握场面节奏。堂前两旁及门口，还有不少人，或坐或站，都是一些亲朋好友、左邻右舍，大家一起来“凑热闹”。晚宴后的六七点钟，贺郎就开始了。先是“开令”，相当于开场白。姚仁元老人现场给我们唱了一段“开令”曲：日落西山暗沉沉，不吃夜饭不动身，夜饭吃好就动身，只见天色暗沉沉，手拿只电光灯，三步并作二步行，走着走到大墙门。“开令”之后，是“看新娘”。郎头傧现编现唱，从新娘头一直唱到新娘脚，接着是唱“敬酒曲”和唱“盆头”菜，最后是“收令”结束。

唱“12 杯酒”“24 盆头”，则是贺郎调的重头戏，特别是唱盆头。唱词基本是根据盆头菜的名称、特点来唱些吉祥话，言辞精炼、押韵。中间还会穿插各种游戏，有戏弄新郎新娘的，有让傧相展示说唱才艺的，也有出谜猜谜的，这些都会有糖果糕点作彩头。当然整个过程是以新郎新娘为主角，唱词也是以新郎新娘为主，有说新郎新娘要恩爱互敬，要孝顺父母，但大多是调侃新郎新娘的，唱词往往涉及男女私事，言辞暧昧而不失庄重，旁听者则心领神会，跟着起哄，要求新郎新娘按照唱词当场演示，弄得新郎新娘哭笑不得，如新郎新娘不照办，就会罚酒。姚仁元见我们这么感兴趣，又给我们唱了一段“盆头”菜，唱词大意是这样的：细糕细糕两头圆，生二个儿子二个囡，大囡嫁给文状元，小囡嫁给武状元，文武状元两姨丈，两个子孙好榜样。今夜吃了细糕味，早生贵子做皇帝。众位朋友集力点，把两块细糕捡上去，送到新人面前，新娘再捡到新郎嘴巴里。随着一支支“盆头”菜唱下去，时时掀起几个小高潮。

贺郎调是舟山民间文学的一朵奇葩，曲调轻松欢快，唱词雅俗兼备，在一定历史阶段，起到了丰富海岛乡村生活的作用。姚仁元从20来岁开始做“郎头傧”，一直到40多岁。自上世纪70年代末，改革开放以来，农村传统婚礼仪式有不少改进，原先的贺郎仪式也逐渐淡出了人们的视野。而今，当年的那些“郎头傧”大多已是耄耋之年，姚仁元可以说是定海农村最后的“郎头傧”了。

百年前的“郭公”传说

位于干磯东升社区光荣村村口外的郭公庙，几百年来一直被民众所敬仰，这是走访中的意外收获。庙这个字，《说文解字》是这样解释的：“庙，尊先祖貌也。从广，朝声。”将象征祖宗形貌的牌位供奉于庙中，以示纪念，这是建庙的本义。在舟山渔农村，有不少庙宇所供奉的是为当地作过贡献的人物，也有历史上受人尊敬的才德兼备之士。

郭公庙，供奉的是汾阳王郭子仪嫡传玄孙郭公（表字熙彤）。据庙中文字介绍，郭子仪嫡传玄孙郭公在宋末元初时期，因元兵侵犯南宋且残害百姓，夫妻避难到舟山干磯，定居洪家（现名）。“郭公乃饱学之士，并懂医道，且为人正直，乐善好施，常为周围难民排忧解难，因此深受难民敬仰。”郭公庙文字简介中列举了民间相传的郭公几件善事，其中有郭公出资在家旁盖草屋办私塾，教民诲人。为解决家在深山岙里的井头岙、大岙里、枇杷岙、康家、朱家等村民子弟来私塾读书行路困难的问题，郭公又出资带领大家修了一条山石蛋路，现名郭公岭。为抵御水旱之灾，让村民安居生产，郭公出资带领大家在郭公咀（现名）造起碶门，并挖通河道，筑起小塘，又将当时龙头、海坎下至东碶头大片涂田，改良成可种水稻的良田。为解决天旱村民缺水的难题，郭公带领村民在沙塘边挖造了两口水井，一口至今尚在。可见民间把郭公当作神，立庙祭祀，是因为郭公具备了高尚的品德，为当时的干磯作出了种种贡献。也因此，郭公山、郭公岭、郭公咀等地名在几百年间从未改变。

在郭公庙，今年88岁的姚信粟老人对我们说，郭公庙老地基一直就在这里，以前叫“姚家门口”。他还是小孩时，郭公庙有106亩地，一年做一次庙会戏，村民们经常来庙里敬香祈拜。前几年，村民们还集资对庙宇进行了修缮，就是为了让后人能够从中感悟到做人做事应当以德为先、要做善事、要做好人的道理。

现在的干礲光荣村村口外，是一个又一个新建的厂区，山脚下的村落民房大多还是二三十年前建的二层楼房。村里年轻人大多迁居，留住的是一些老人，他们仍喜欢在一起聊家常，喜欢这里的田野山川，喜欢这里的风俗习惯。这次走访光荣村，让我有了更深的人生体悟。

郭公庙

2019年10月26日

西蟹峙：老人、老庙与老屋

定海有这样两个小岛，东蟹峙和西蟹峙。7 月 20 日我从东蟹峙走访回来后，就一直想去西蟹峙走走，看看两座岛有什么不一样。10 月 7 日上午，我约了老叶去西蟹峙，一早就到定海民间码头，坐上 7 点 30 分的轮渡，大约 20 分钟就到了西蟹峙。

在船上远望西蟹峙岛，是一座南北走向的山峦，村居就在山脚下。西蟹峙整个岛屿并不大。《中国海岛志》载：俯瞰岛呈三角形，长 1.3 千米，宽 1.0 千米，陆域面积 0.85 平方千米，海岸线长 4.2 千米。到了码头，海塘内一个水塘连着一个水塘，都是养虾场，其中一个水塘前围墙上写有“舟山兴隆水产养殖场”几个字。经过养殖场，是一片田地，大部分已经杂草丛生。靠村居路边的还有部分田地，种着各类蔬菜。西蟹峙原来的民居距离海塘只有三四十米远。在村里，我们遇见了两位来自盘峙卫生院的医护人员，她们是来岛上给老人进行常规身体检查的。她们与岛上的老人非常熟悉，每月上岛一次，挨家挨户上门为老人们服务。20 世纪 90 年代以来，西蟹峙岛上的村民，特别是年轻一代大多迁至定海城区工作生活。2010 年第六次人口普查，西蟹峙人口数为 204 人、106 户，而今岛上所居住的大多为老人，人数剧减。在岛上，我们采访了 3 位老人，从老人们的讲述中，了解到了西蟹峙过去的一些情况。

二

汪宽勇老人，是我们采访到的其中一位。汪宽勇今年82岁，他说，据上代人讲，西蟹峙汪姓是从宁波搬来的。他是“宽”字辈，他的二哥名宽文。1950年，国民党退出舟山时，17岁的汪宽文被抓壮丁到台湾。当年，一个小小的西蟹峙岛有30多个青壮年被抓到台湾。在汪宽勇家里，我们看到屋内墙壁上贴着两张复印纸，原来是他的二哥汪宽文当年在台湾受训、退伍的证明。汪宽勇告诉我们，他二哥被抓到台湾，开始非常艰苦，后来到了34岁在专修学生班读书以后，才一步步晋升，在台湾成家立业，直到从军队里退下来，后来又在其他地方打工，现在已经85岁了。

汪宽勇从18岁开始，就是村里的干部，从团支部书记、治保主任、民兵连长，一直干到西蟹峙大队大队长、支部书记，任劳任怨干了一辈子。西蟹峙村以农业为主业，过去有耕地近200亩、山林200多亩，还有一些盐田，现在码头边的水产养殖场，有的以前就是盐田。汪宽勇说，当时定海盐业局对西蟹峙晒盐比较重视，在村里设了盐务所。1978年时，盘峙公社所在地还没有装电灯，公社得知情况后，要求相关部门先解决盘峙岛电力照明问题。后来过了两年，村里部分咸水稻田租给水产公司搞养殖，有了7000元租金，汪宽勇就想利用这笔收入来补贴安装电灯的费用。他多方奔走，呼吁解决西蟹峙村民的电力照明问题。功夫不负有心人，县里供电所正巧也有一个姓汪的负责人。汪宽勇多次上门找供电所领导，紧紧盯住那位姓汪的负责人，恳求他先给西蟹峙安装线路。那位姓汪的负责人看汪宽勇这么尽心竭力为村民着想，便欣然同意了他的请求。

西蟹峙岛，虽然距离定海城区只有6000余米，但交通十分不便，仅靠木帆小船往来，还受海水涨落的影响。岛上没有学校，孩子们上学成了村民们的一个大难题。为此汪宽勇也是日思夜想，想要拿出一个对策。汪宽勇就打报告给县教育局，要求在西蟹峙岛上建一所小学，可县教育局已没有多余的资金来建造校舍，就让汪宽勇请市教育局帮忙，解决部分资金。为了村里孩子能够早点上学，汪宽勇也就“硬着头皮上了”。

后来在市县两级教育局的支持下，西蟹峙村终于有了自己的学校。当年建造的五间校舍现在仍然存在，被用作老年人活动室。据相关资料记载，1982 年，西蟹峙小学有 2 个班级，37 名学生，2 名教师；1988 年，有 2 个班级，38 名学生，2 名教师。到了 1997 年，并入盘峙中心小学。

二

乌石庙，是西蟹峙岛上唯一的一座寺庙，庙不大，然这座庙的来历，却与众不同，很有意思。在庙旁，我遇见一位老人，这是在西蟹峙见到的第二位老人。老人名叫陈意宽，83 岁，身体非常健朗，拉着小板车，车上放着三桶水，准备去菜地浇水。老人告诉我，原来陈家在岛上有 10 多户人家，现在都搬出去了。提及乌石庙的来历，老人说，乌石庙已有 300 多年历史了。按上代人传下来的说法，原来这里并没有庙，有一天大潮水，不知从啥地方漂来一块木板，落在了村前的海滩上，板上写有“乌石庙”三字。村民们觉得这是菩萨送来的，否则这么广阔的汪洋大海，怎么会如此巧合漂洋过海就落到了西蟹峙。于是，村民们就捐款在海滩旁建起了寺院，名为“乌石庙”。

村民陈意宽

舟山海岛的先民是虔诚的，敬天敬地敬神，敬畏曾是海岛先民生存的一大智慧，一种生活行为的准则。孔子说过：“君子有三畏：畏天命，畏大人，畏圣人之言。”海岛的先民用行动很好地进行了诠释，西蟹峙乌石庙就是一个很好的事例。陈意宽老人还对我们说，1959 年，为改善居住环境，保护农田不受海浪侵袭，村里靠自己的力量筑了海塘。海塘开始用的是泥土垒筑，但后来被冲垮了。于是村民再次出工出力，在塘的两头山体上开山凿石，以石头做坝。村里青年突击队更是起到了造海塘的“大梁”作用，彼时他 18 岁，是青年突击队的一员。

三

西蟹峙民居不少还是 20 世纪 60 年代以前的老房子，外墙大都是用石头垒筑。当地老人说，这些石头都是从村后面的南岙岗山上由村民扛下来的。在西蟹峙中岙，有一座合院式的老房子引起了我们的注意。墙门是屋宇式，院子中是用方的石板铺设，院落结构比较传统。我们向坐在墙门口的一位老人打听，这位老人姓陈，今年 83 岁。老人告诉我们，这宅院是在他父亲手里造的，有近百年历史。父亲以前是撑运输船的，村里东南岸以前有石板宕口，他家的石板就是宕口采凿来的。过去那个宕口有 30 来米深，开凿的石板都是靠搭跳板抬上来。宕口大概在 20 世纪 30 年代就不再开采了，老宕口遗址在造船厂时也被填埋不见踪迹。西蟹峙的老宕口，在《中国海岛志》《舟山市定海区地名志》等中都有记载。

西蟹峙，定海的一个小岛，一个老人化的小岛。几十年后，西蟹峙岛的原住民也许就像我这个外乡人一样，来岛上是游客、是过客，留下的只是一种记忆、一种乡愁。

2018 年 10 月 24 日

盘峙湾：湾内山岙湾外港航

在定海道头的民间码头散步，常见洋面上大大小小的机动木帆船、钢质船，每天忙着驾进驶出，穿梭于定海码头与对岸的各个小岛。虽然知道去对岸的各个小岛方便，但多年来一直没想着去走走看看。说来也甚奇怪，我们常常兴师动众，乘飞机坐高铁，赶着去五湖四海，而唯独遗忘了家门口的各个岛屿，这让我想起唐代诗人杜牧《登池州九峰楼寄张祜》诗中的一句话："睫在眼前长不见，道非身外更何求。"这几天

笔者在盘峙留影

忙完了手头上的几件事，心里有一个念头，这次暑假该多走些舟山本岛附近的小岛。

7 月 18 日，我们的目标是走访盘峙岛。上午 7 点 50 分，在定海民间码头，我们坐上了到盘峙的轮渡。整船几乎都是去盘峙各个船厂上班的工人，轮渡底层停满了电瓶车。老叶也借了一辆电瓶车，准备来个环岛游。大概 15 分钟后，轮渡靠了岸。在码头广场上，只一会儿的工夫，满满一船人有骑电瓶车的，有坐公交车的，也有坐小三轮的，瞬间就各奔东西。

陆海相兼的自然环境

盘峙岛，南北走向，长 3.1 千米，宽 2.2 千米，陆域面积 3.8 平方千米，海岸线长 9.7 千米。岛的东、西两岸是围垦的海积平原，东岸区域经过多年来的不断改良，如今是大片的水稻田，以及种植着各种蔬菜的基地。而岛的南、北部则以基岩海岸线为主，多有航门水道。特别是盘峙岛和小盘峙岛之间的大龙港一带，据相关资料记载，深水岸线长达 4000 余米，是一个天然的避风挡浪良港。在盘峙行走，岛的东面与南北是如此迥然不同，给人一种特别的感觉，这也许是其他岛屿少见的。

盘峙岛的自然环境，还有一个比较特别之处，就是岛内的两座山，形成了盘峙岛极为自然的居住生活走廊。岛的北部有海拔约 154 米的盘峙大山，又叫前大山，呈东北—西南走向，这是盘峙岛的主山；中部有南北走向的朝北山，海拔约 123 米。盘峙人就是依这两座山安家落户，背靠大山，面朝大海，繁衍生息，一个个村落就在各个山岙深处，坐落于山脚下。

岛上建有环岛公路，全长 8000 余米。虽然路面有 6 米左右的宽度，但路上少有来往车辆，足以让你放心大胆地骑行。我们在码头上岛后，就沿着港湾公路环行，湾内是山岙，湾外是港航。吕家、大岙、杨家湾、东山头、盘峙湾、大龙港、小龙港、小南岙、大南岙、小蛇岙、大蛇岙、定海岙，这一个个地名就已经把盘峙岛的地理环境特征，清楚地告诉给每一个来岛的外乡人。如吕家、大岙、杨家湾，村北依盘峙大山，沿山脚聚落，村南是一片田野。东山头过后，一直向前，盘峙湾、大龙港、小龙港，一路都是港湾，分布着几家船厂。东山头因位于东边山麓嘴头而得名，居有王、李、张等姓。王姓是清康熙年间自镇海大碶头搬来。至于盘峙湾，民间曾有这样传说，大龙港有一股旋流盘旋延伸至此湾，这里原叫盘水湾，也因此在后来改称为盘峙湾。小南岙、大南岙，都是聚落在山脚下，村前不远处是汪洋一片，村民大多由镇海搬迁而来。

盘峙岛小源短，没有天然河流，故大多数村落村口前，或者山麓里都挖有人工水塘、水库。盘峙社区大楼前面的杨家湾水库，建于 1985 年，库容 12.2 万立方米，是盘峙岛一个比较大的水库。而今盘峙岛每家每户都装上了自来水，足以供日常生活使用，但盘峙岛人对水仍是十分珍惜。一路走来，所见到的一座座小水池，水面干净无杂草，让人十分欣慰。

艰辛的开垦历史

虽说盘峙岛于宋时已有人居住，然由于土地资源极为匮乏，历史上盘峙岛人口增长缓慢，居民生活窘迫。

民国二十三年（1934）建盘峙乡，始称“盘峙山”。地方志中记载历史上的盘峙，还有其他名称，如宋乾道《四明图经·昌国》中称“云屿”；元大德《昌国州图志》沿用“云屿”之名，《昌国州图志·乡村》同时载有“盘屿”村名；明天启《舟山志》卷二有“盘屿山”之记载：“与竹屿山隔海对峙。山势盘旋，故名。”到了清代以后，地方志中均记作“盘屿”。

虽说以前的盘峙岛“田可耕，海可煮”（元大德《昌国州图志·叙山》），然地乏人稀。明洪武二十年（1387）海禁，岛上居民被迫迁到大陆。现在岛上居民其先祖大多是在清康熙年间海禁解除以后从宁波、镇海等地迁来的。清光绪《定海乡土教材》记载：盘峙“约三四百户”。民国《定海县志》册一记载：“居民六七百户”。1950 年，岛上有 771 户，3123 人。以前，盘峙岛村民以盐业和农业为主，生活极为清苦。1987 年版《定海县志》中有一份 1952 年盘峙 3 户盐民生活收支状况调查表，其中何阿炳盐民，家中 10 口人，盐板 120 块，地 1.5 亩，年纯收入 504.1 万元（旧币）；李秀农，家有 4 人，盐板 25 块，地 0.9 亩，年纯收入 62.2 万元（旧币）。20 世纪 60 年代以后，盘峙盐田逐渐减少，村民以农业生产为主。改革开放以来，盘峙工业和服务业得到发展，水产养殖业也迅速兴起。有不少村民从事修船业、运输业，以及外出务工，生活有了较大变化。

在同心村，我们遇到了一个名叫邵德庆的老人。老人家今年 82 岁，我们向他打听六七十年前村里的一些情况，有不少事老人还记得很清楚。邵德庆老人告诉我们，他们以前住在大王脚板，有 30 多户人家，基本上都姓邵，是从宁波小港、六横等地搬来的，以晒盐为主，大多数人家只有 10 来块盐板，生活苦得不得了。大王脚板过去没有桥，到这里的小南岙来种番薯，要靠小舢板摇过来，虽然小南岙这里有些山地，可种番薯、南瓜之类庄稼，补充一些粮食，还是吃不饱。1942 年，有 20 多个日本人开着小汽艇到这里，后来在小龙港挖了 6 个坑道。当时的邵德庆才 5 岁，与奶奶住在大王脚板。但日本人不许他们住在那里，把他们都抓到大龙港。1950 年初，邵德庆 13 岁，当时大榭岛已经解放，小南岙村来了 10 多个国民党士兵抓村民们去挖壕沟。后来国民党要逃台湾时，开始到处抓人。邵德庆老人记得那天他和父亲在小南岙削麦，听说大南岙那边已经在抓人，赶快摇着舢板躲到了大王脚板，才逃过了一劫。在盘峙大岙里读高小后，1955 年，邵德庆在定海中学读了两年书，回到村里，在大王脚板初级社当会计。现在大王脚板已经是半岛船舶企业基地了。回忆起以往艰难的生活经历，邵德庆老人感慨万千。

生活环境如此贫瘠，盘峙岛这些先民为何还苦苦地在这里生存？在舟山一些偏僻岛屿山岙行走，常会遇到这样类似的情况，我为先民们坚忍不拔、守土恋家的行为所感动。我想，从前来偏僻海岛开垦安家的先民们，不少是为生活所迫，逃荒逃难至此，虽然在荒凉的土地上需从头开始，但至少有一处安身立命之地，冀盼能在此繁衍家族，才对得起列祖列宗。这种朴素的生活信念也许就是这些普通百姓甘于疾苦、不畏艰难的一大动力吧。

在盘峙岛行走，作为一个外乡人，我也有一种复杂的心理。面对湾内的村村岙岙，田园山坡虽满是翠绿庄稼，然院里几无鸡鸭，人迹罕见，

盘峙客运码头

传统村落几近被后人遗忘。而湾外，船舶工业基地正在崛起，临港工业成为盘峙经济的重要支撑。新与旧的强烈比照，让人叹息，更让人深思。

2018年7月24日

大猫：定海最寂寞的小岛

2018 年 12 月 16 日，周日，民进文教支部约定大家到大猫岛走走，了解一下社情民意。上午出门时，天空还是阴沉沉的，西北风猛吹。在定海民间码头坐上千岛渡 7 号轮渡，听船上人说有 7~8 级西北风，风浪很大，轮渡不能靠停梅湾码头，只能在冷坑停泊。快到冷坑时，浪确实有点大，轮渡一下子摇晃起来，这是我所没想到的。大约 40 分钟后，到达大猫岛冷坑，在码头上，呼呼的海风吹得人差点站不住脚，气温本来就有点低，在海风作用下越加觉得冷飕飕的，同行的几位女成员还是比较有勇气，全身“武装”前行。

大猫岛，落寞得令人珍惜

大猫岛位于定海城区西南方向，离市区 7 海里，行政上隶属于定海

大猫岛码头

区环南街道。岛呈南北走向，长 3.8 千米，宽 2.6 千米，陆域面积 6.2 平方千米，海岸线长 12.4 千米。据相关文献资料记载，宋代之前岛上已有人居住，宋乾道《四明图经·昌国》记载为“大茆山”。清康熙《定海县志·卷二》载：“大茆山，离县约三十里，童山无产，一作大猫。”清光绪《定海厅志》和民国《定海县志》均载为“大猫山”。

据说大猫岛有 13 个岙，岙口都不大不深，即使村委所在地的梅湾，也是窄窄的，沿着山脚下的村庄呈半月形。一路上，没遇到几个行人。正值周日，有几位住在定海的大猫岛人，利用休息日回老家，中午也就随即坐船回去。在来的船上，就听一位大猫岛人说，外地人来岛上，若没有亲戚朋友家，那就有可能没地方吃饭，没地方睡觉，没车子可坐，大猫是个“三无”岛屿。这几年来，每次到渔岛山村走访，经常是在所到之地吃碗面条或者在小店里买包方便面充充饥，我想，大猫岛即使没有饭店，村里小店总该有吧。

在大猫岛走了一圈，才认识到大猫岛真的很“落寞”。其他岛屿一般各个村岙都有小店，而在大猫岛的几个村里，都没见到，难道是没有留意错过了？还好在村委所在地梅湾，看到有社区卫生服务站，有两位年轻的医务人员在周日值班，瞬间让我们有了温馨的感觉。

大猫岛的“落寞”，不单单是几乎没有基本生活服务设施，还在于住在岛上的村民越来越少，几乎只剩下一些老年人了。各岙口村落里的民居大都没人居住，不少房屋墙上已是爬满藤条，阳台上的水泥栏杆有的也露出了里面的钢筋，锈迹斑斑。在梅湾托老中心，我们与几位老年人进行了一番交谈。老人告诉我们，村里的托老中心房子以前是学校教室，这里有 20 多位老年人，他们在这里吃住每月只要 400 元，平常就在吃饭大厅看看电视，聊聊天，生活还比较舒适。岛上路边，房前屋后，一块块面积不大的菜地里，种着青菜、大白菜、大头菜、花菜、大蒜等各类日常食用蔬菜，然而家中人口稀落，又没有市场可交易，不少蔬菜没能及时采摘，只得枯黄在地里。

大猫岛村居

大猫岛，海岛中的纯农业村

大猫岛，是一个农业村，虽然岛的四周是汪洋大海，且各岙口前面不远就是大海，但没有捕鱼的人，这也让我没有想到。在船上，听一位60多岁的大猫岛人说，20世纪50年代初，政府曾鼓励大猫岛人贷款造船捕鱼，但从来没有捕过鱼的大猫岛人，因为他们既担心捕鱼的收获是否能够还得起贷款，也不习惯新的生产方式，于是纯农业生活方式就一直没有改变。

大猫岛，腹地不大，以山地为主，粮食作物番薯是大头，还有麦子、玉米之类。在梅湾的托老中心，我们问老人们以前的生活，老人们都说那时候的生活很苦。一位88岁的龚姓老人告诉我，他家祖先是从绍兴搬迁到大猫岛的，从他祖父到他父亲再到他这一代，都是兄弟三人，他们家族在大猫一直以种地为生。舟山解放前，大猫是比较穷的，还常常有强盗来抢掠。他记得刚解放时，有一次就有一群强盗驾着一艘流网船准备在大猫梅湾靠岸，村里的民兵就在山的壕沟上向强盗喊话：再上来，就要开枪了。其实民兵们根本没有枪，壮着胆子吓唬他们，强盗一听就害怕了，连忙驾着船离开了，后来这些强盗在大榭岛全部被解放军抓获。

龚姓老人在20多岁时，当过梅湾大队第5生产队队长。20世纪六七十年代，大兴水利，围塘垦地，大猫岛同样掀起了造梯田、修山塘、筑海坝的高潮。在西北海塘上，一眼望过去，梅湾村落后面的山上，还可看出那一块块山地，都是在50多年前开垦出来的。托老中心的一位90岁的张阿婆对我们说，当年大猫岛山上种的都是番薯、玉米以及大麦，家里是番薯干饭当大头，后来可以用番薯向国家调大米，7斤番薯调1斤大米，这才有了米饭吃。说起修山塘筑海坝，龚姓老人告诉我们，那时候队里连小板车也没有，修山塘筑海坝的石头，全是从村后山上一锤一锤打出来的，一双双肩膀挑出来的，男男女女都要参加生产队劳动，大家齐心协力，“宁挑千斤担，不挑九百九”，多挑一斤是一斤，每天干得是腰酸背痛，第二天还是照样出工。80岁以上的大猫岛人都吃过苦，都有这样一番大干苦干的经历，现在腰疼病、关节病大多是那个年代干活落下来的。从1958年到1972年，大猫岛人先后围筑海塘10条，陆域面积增加33.3公顷。确实，这一代人的辛劳，这一代人的贡献，是我们所不能忘记的。

新木姜子，大猫荞头，曾经名闻遐迩

《中国海岛志·浙江卷》第二册“舟山群岛南部·大猫岛”，其中写道：大猫岛是舟山新木姜子的原生地。舟山新木姜子属樟科常绿乔木，是世界珍稀濒危植物、国家二级重点保护植物、全球唯一以“舟山”命名的树种。当地群众习惯称其为“鸟樟”，因其嫩梢、嫩叶密被金黄色绢毛而得名。“鸟樟”在阳光照耀及微风吹动下闪闪发光，也被誉称为“佛光树”。种植新木姜子，是大猫岛村民特有的习俗，有着200多年的种植历史，现有母树2100余株，其中树龄在50年以上的有80余株，百年以上的有2株。

来大猫岛之前，我就特别注意到大猫岛是舟山新木姜子原生地这一信息，到了大猫岛上，也特别向当地老人们询问哪里有这种“鸟樟”树。在梅湾山塘边上，我发现有一株新木姜子，枝条弯弯曲曲，在碧绿水面的映衬下，煞是好看，但不知道有多少树龄。梅湾山塘始建于 1956 年，坝长 87 米，2018 年加固，总容库 1.2 万立方米。我想，山塘边上的那株新木姜子，应当有 60 年以上树龄吧。

10 多年前，大猫岛的荞头也是非常有名气。据说当地种植荞头已有 100 多年历史，被誉为“荞头之乡”。1986 年，当时的大猫乡政府还建起了荞头制品厂，各类“银猫”牌甜酸荞头产品，享誉省内外，在 1991 年浙江省首届名特优新农产品展览会上还获得产品畅销奖。在西北塘旁边，梅湾村口前面，有一大门，其上标着紫岙 1 号，占地面积很大，看上去是老旧厂房，现在已经杂草丛生，厂房也是破烂不堪。这就是原来赫赫有名的大猫荞头厂。

在梅湾托老中心，龚姓老人说起大猫荞头，一下子神采飞扬。他告诉我们，大猫岛山上沙性土质非常适合种植荞麦头，20 多年前，大猫岛山上到处种上了荞麦头。种荞麦头季节与种番薯不相冲突，九十月份开始种，到来年四五月份收获，一亩山地可收千把来斤，一年荞头收入有六七百元。他们家种了 10 多年荞麦头，直到荞头厂倒闭为止。当年，不少人是因为吃大猫荞头，才知道定海有这样一个小岛的。

大猫岛，一个原生态小岛。在回来途中，我想到了这样一个问题：这样有如此特色生态资源的小岛，能否通过走乡村旅游途径，拥有持续发展之后劲？请大家都来大猫岛走走看看吧。

2018 年 12 月 25 日

爱国村的千年泄潭

爱国村，位于定海区白泉镇东南部的竺家尖山南麓，旧称皋泄岙。于20世纪50年代合作化初期，有一张徐村初级社取名爱国合作社，1957年成立高级社时，所辖7社合并，即称爱国合作社，公社化称爱国大队，1984年建爱国村。爱国村的弄堂岭，历史上在定海区域是有一定名气的，这一条横亘当头岩岗与黄杨尖之间，曾经的北蝉乡与白泉毛竹山往来之古道，以其千年泄潭、千年芽尖，显扬于世。特别是泄潭的龙渊传说、祈雨故事，千百年来，一直流传着。爱国村的弄堂岭，你一定渴望去走走吧？

一

旧时久旱无雨，田地干裂，人们就会去祈龙求雨，认为龙能够兴云致雨，有着影响河泽的神力。祈龙求雨在古代文献中有不少记载。

《左传·桓公五年》就有“雩祭而求雨”的记载，即祭龙祈雨。南宋诏令中也有不少“祈雨诏”，如《应临安府界载在祀典等祈雨诏》（绍兴五年二月二十五日）：“雨泽稍愆，恐妨农事，应临安府界载在祀典及名山大川、神祠龙洞，在内分差从官，在外遣职事官，亲诣祈雨。”对于祈雨祭品等事项，南宋诏书中也有相应规定，祠祭之物“务要精洁”，若“祈祷未应”，则“禁屠宰三日，及鸡、鸭、鱼、虾应干生命之属并行禁断”（《久旱禁屠宰三日诏》，绍兴二十九年八月）。浙东沿海地区龙洞龙穴龙传说特别多，祈龙求雨是以前一个普遍的习俗。据《浙江民俗大典》（主编顾希佳，浙江大学出版社出版）“信仰民俗”介绍，祈雨而祭龙王的习俗方式多种多样，有到龙王庙烧香，有将龙王神像抬出来四处巡游，有请戏班子来为龙王演戏，有扎制竹龙、草龙、布龙做舞龙表演，还有的在祈雨不成时将龙王神像抬出置于烈日下暴晒，乃至鞭打龙王以示威胁。定海旧时也有类似的习俗，据《定海县志》（1994年版）载：“旧时遇旱，村民扎草龙、执纸幡，备三牲至龙潭请龙，将潭中最先出现鱼、虾、蛙、蛇之类捕捉一只，作‘龙王’替身带回供养，待下雨后送还潭中。仍不下雨，便将‘龙王’暴晒烈日下，称‘烤龙王’。城郊农民有抬‘龙王’至县衙，请县官拜求。”定海历史上民间到龙宫龙潭求雨的传说故事有不少，而官方有关龙潭祈雨的文字记载，似乎只有弄堂岭龙潭这一处。

二

弄堂岭泄潭，古时悬崖绝壁，长年白练飞泻，泉潭深澈如渊不可测，龙潭通海神秘令人醉。

距今约九百年的北宋宣和年间（1119~1125），有一年，旱魃为虐，经年不见雨露，天旱地裂，农田干枯，秧苗枯萎，眼看颗粒无收，百姓无以为生。农事所系非轻，“县太爷”为此揪心万分，于是，昌国县簿尉刘佖择一吉日，公服靴笏，轻车简行，来到弄堂岭的泄潭。设祭器、酒脯、时果名香等，面朝苍天，神情庄重，奠酒拜祭，诵读祝诗，投诗于潭，向神祇求雨。

诗曰：“未跃天衢卧寂寥，碧潭流溢海山腰。埋藏头角虽多日，鼓动风雷在一朝。既若有心成变化，岂能无意泽枯焦。神踪许为苍生起，愿击香车上九霄。”虔诚之心，也许真的惊动了神灵。诗沉而雨作，龙神一时兴云吐雾，降雨滂沱。这件事在宋宝庆《昌国县志》有载，说是“诗沉而雨，时人异焉”。后来广为流传，竟然还被南宋著名诗人陈郁记录于《藏一话腴》之中。

泄潭的神验，使其在千百年来成为地方官府的一个祈雨场所。南宋重臣，官至右丞相、追封越王的史浩，大约于南宋绍兴十一至十三年（1141~1143），在昌国任县尉（也有说以余姚尉摄昌国正监盐官）时，曾作《昌国泄潭祈雨疏》官文。这祈雨文字字句句，吁嗟求雨，何等庄严肃穆。其文如下：

“民亦劳止，莫苏就槁之苗；天必从之，愿霈为霖之雨。恭投鹫岭，祇祷龙渊。洒道清尘，肃花幔而戴地；升云上气，傒水泽以盈畴。凡我有生，敢忘大赐。”

“龙潭”泄潭，多少年来，令人神迷不已。“泄潭通海”故事，在村夫野老口中，也不知流传了多少年。传说有个货郎团路过泄潭，喝了纯甜的“龙潭”水后，望着碧澄深邃的潭水，十分好奇，就想用扁担去试个深浅，一不小心，扁担掉入龙洞，一下子不见影子。过几日，货郎团来到十多公里外的渔村浪洗，见一渔民家门口有一扁担，好像很眼熟，走近一看，竟是前几天自己掉入泄潭的那个扁担，原来是渔民从村口灌门龙潭附近海滩上捡来的。

“泄潭通海”故事于是让这“龙潭”更加神奇，就连清乾隆年间定海进士、内阁中书陈庆槐也对“泄潭通海”啧啧称奇。他的《又过西龙堂》诗云：“渐入无人境，青山自送迎。草痕知鹿过，水势觉龙行。暗穴深通海，高崖俨列城。片时潭上坐，气肃道心生。”

三

龙潭瀑布，前几年我曾亲见。那是 2017 年 12 月的一个周六下午，我特意又去探寻，从公路旁写着“毛竹山”三个大字的石牌坊进去，沿着连接毛竹山与北蝉的盘山公路，一路向前。满山秋叶，层林尽染，风光极佳。路上虽少见行人，然不觉孤寂，青山绿水相伴，独乐自在。山路一侧是山体，另一侧是两山间弯弯曲曲的老溪坑，一路上时而有鸟儿在天空中掠过，时而闻见潺潺的溪流声。心想，这流传千年的龙潭难道早已化为传说，让人“神龙见首不见尾”，真的没留下一丝儿痕迹。步行了一个小时左右，快到半山腰时，忽闻前面路边有悦耳溪流之声阵阵传来，还有一种瀑布飞溅之声，让人有点惊奇、有点兴奋。以前这弄堂岭是路过三四次，也不见这千年龙潭之神影，今天真的让我能够目睹？随着水声，向路的左侧察看，透过树丛，果见两山相接低处的溪坑上有一方水潭。这天然冲刷而形成的溪坑，几百年来应当没多大变化，而这里刚好有一段高低落差较大，深潭下的几块大山石光滑发亮，是被溪流长年冲刷而留下的痕迹。大山石转折处有几个小水坑，溪流从大山石上飞溅下来，在这里翻着白花，冒着白沫，往下流逝。上游的水潭如今筑了一道堤坝，得以蓄积水位，形成一道蛮有气势的瀑布，虽然比不上大瀑布“飞流直下”的磅礴气势，但在海岛舟山还是难得一见。溪流垂直泻下，犹如千百条闪耀的银练，煞是好看，尤其是在这幽静洁净的青山密林之间，这龙潭更让人神思驰骋。唐代诗人皎然有首《咏小瀑布》诗，这样写道：“瀑布小更奇，潺湲二三尺。细脉穿乱沙，丛声咽危石。初因智者赏，果会幽人迹。不向定中闻，那知我心寂。”诗中景与情很契合弄堂岭这流传千年的祈雨龙潭。

爱国村弄堂岭，一岭牵两乡，蜿蜒千里，景色怡人。沿途时而潺潺流水悦耳，时而香草百花扑鼻。观光览胜，寻古探幽，皆行皆美，好一派世外桃源。

池潭遗址

2019 年 10 月 5 日

图书在版编目（CIP）数据

群岛乡愁 / 翁源昌著 .— 秦皇岛 ：燕山大学出版社，2021.12

ISBN 978-7-5761-0247-5

Ⅰ. ①群… Ⅱ. ①翁… Ⅲ. ①村落－介绍－舟山 Ⅳ. ①K925.55

中国版本图书馆CIP数据核字（2021）第238398号

群岛乡愁

qundao xiangchou

翁源昌 著

出 版 人：陈 玉
责任编辑：柯亚莉
封面设计：王不闲
出版发行：燕山大学出版社 YANSHAN UNIVERSITY PRESS
地 址：河北省秦皇岛市河北大街西段 438 号
邮政编码：066004
电 话：0335-8387555
印 刷：舟山市乐诚印刷有限公司
经 销：全国新华书店

开 本：710mm×1000mm 1/16 印 张：8.75 字 数：125 千字
版 次：2021 年 12 月第 1 版 印 次：2021 年 12 月第 1 次印刷
书 号：ISBN 978-7-5761-0247-5
定 价：33.00 元
